Annette Moser

Glöckchen, das Weihnachtspony
Mein Adventskalenderbuch – Ein zauberhafter Wunsch

Annette Moser

Ein zauberhafter Wunsch

ISBN 978-3-7432-1639-6
1. Auflage 2023
© 2023 Loewe Verlag GmbH, Bühlstraße 4, D-95463 Bindlach
Umschlag- und Innenillustrationen: Julia Gerigk
Umschlaggestaltung: Ramona Karl
Printed in the EU

www.loewe-verlag.de

Inhalt

1. Warten kann so schwer sein! 9
2. So was von langweilig! 13
3. Das Dorf ohne Wunschzettel 18
4. Der Plan steht 24
5. Auf zu den Menschen 28
6. Ankunft mit Überraschung 33
7. Im Dorf 37
8. Erste Begegnungen 40
9. Locke und Flocke 45
10. Flori und Greta 50
11. Unerwarteter Besuch 54
12. Das Weihnachtsversteck 58
13. Gretas Geheimnis 63
14. Der Bürgermeister 68
15. Die Sterne sind immer bei uns 73
16. Das Fest beginnt 78
17. Der Schlüssel zum Geheimnis 81
18. Björn Schnüffelschnauze 86

19. Jaspers große Stunde 92
20. Ein ganz besonderer Wunschzettel 97
21. Herrn von Brügges Geheimnis 102
22. Es weihnachtet 107
23. Zeit zu gehen 111
24. Alles wird gut! 115

Manchmal passieren Dinge,
die unmöglich erscheinen.
Doch wenn sie sich im feierlichen Klang
unzähliger Weihnachtsglöckchen und
unter einem Meer aus funkelnden
Sternen ereignen, sollten wir an sie glauben.
Denn dann handelt es sich um
ein Weihnachtswunder …

Warten kann so schwer sein!

Die Landschaft um den nördlichsten Punkt der Erde schlummerte friedlich unter ihrer watteweißen Decke. Es hatte gerade erst geschneit und die Abermillionen Sterne, die hier um die Winterzeit auch tagsüber zu sehen waren, ließen den frischen Schnee geheimnisvoll unter ihrem Licht funkeln und glitzern. Nur auf der weißen Lichtung, dem Herdenplatz der Rentiere, herrschte munteres Treiben.

Die erwachsenen Rentiere waren unterwegs auf der Suche nach Futter. Die neun Jungtiere jedoch waren zu Hause geblieben. Sie hatten mit ihren Hufen den Schnee zu einer Schlitterbahn getrampelt und sausten jetzt mit lautem Gejohle einen seichten Hügel hinab.

„He, Glöckchen, mach Platz!", quietschte Lina, das Rentiermädchen. Aber es war schon zu spät. Sie schlitterte mit ordentlichem Karacho in ihren Bruder hinein, der etwas unbeholfen vor ihr die Eisbahn hinabtrudelte. Ineinander verheddert, rasten die beiden als ein einziges Knäuel weiter. Ihre acht Beine ruderten wild durch die Luft. Unten angekommen, landeten die Geschwister in einem dicken Schneehaufen.

„Äh … Hallo? Jemand zu Hause?", erkundigte sich Finn, Linas Zwillingsbruder. Nur noch zwei Hufe ragten aus dem Haufen heraus. Mithilfe der anderen Rentierkinder versuchte Finn, Glöckchen und Lina freizubuddeln. Alle mussten lachen, als die beiden endlich zum Vorschein kamen.

„Ihr seht aus wie zwei Schneemonster!", prustete Finn.

Lina und Glöckchen schüttelten sich den Schnee aus dem Fell und verwandelten sich zurück in ein zierliches Rentiermädchen und ... in ein braun-weiß geschecktes Pony mit dunkler Zottelmähne und buschigem Schweif.

Ja, Glöckchen war tatsächlich ein Pony. Wahrscheinlich das einzige, das man weit und breit am Nordpol finden konnte. An einem Weihnachtsmorgen hatten die Rentiereltern Ole und Elin es einst als kleines Bündel in der Nähe der weißen Lichtung gefunden. „Wie ein Weihnachtswunder, das vom Himmel geschneit ist", sagten die beiden immer, wenn sie sich an damals erinnerten.

Ole und Elin nahmen das kleine Pony zu sich und zogen es in ihrer Herde auf wie ihr eigenes Kind. Und auch wenn Glöckchen etwas tollpatschiger und pummeliger war als seine Geschwister und außerdem kein Geweih besaß, liebten ihn alle genau so, wie er war.

Außerdem gab es ja auch jede Menge Gemeinsamkeiten zwischen ihnen: zum Beispiel das goldene Glöckchen, das jedes der neun Tierkinder an einem roten Band um den Hals trug. Und die große Ungeduld, die sich jedes Jahr kurz vor Weihnachten bei ihnen einstellte.

„Pst, seid mal ruhig! Habt ihr eben nicht auch was gehört?", fragte Finn aufgeregt.

Sofort stellten alle aufmerksam ihre Ohren auf und sahen sich suchend um. Aber es war nur Ole, der zwischen ein paar kargen, verschneiten Sträuchern auftauchte und gemächlich auf die Kinder zutrottete.

„Eure Mutter und ich haben eine tolle Futterstelle gefunden", verkündete er. „Wollt ihr mitkommen? Ihr müsst doch einen Eisbärenhunger haben, nach dem Rumgetobe!" Ole blickte erwartungsvoll in die Runde. Normalerweise stürmten immer sofort alle los, sobald sie etwas von Futter hörten. Aber jetzt sah er nur neun enttäuschte Gesichter vor sich.

„Was habt ihr denn?", fragte er. „Ist euch etwa ein gruseliger Schneegeist erschienen?"

Glöckchen seufzte. „Kein Schneegeist. Aber kurz haben wir geglaubt, es würde jemand anders erscheinen. Und dann …"

„… dann bin nur ich aufgetaucht", vollendete Ole den Satz. Er lachte. „Tut mir leid, dass ich nicht der Weihnachtsmann bin! Ich weiß genau, wie ihr euch fühlt. Ich konnte es früher auch nicht erwarten, endlich auf die große Reise zu gehen."

Oles Augen begannen zu glänzen, wie immer, wenn er sich an seine

abenteuerlichen Reisen durch die Weihnachtsnacht erinnerte. Wenn er damals mit seinen Geschwistern den voll beladenen Schlitten durch den sternenfunkelnden Nachthimmel lenken durfte. Eine große und anstrengende Aufgabe, die nun seit ein paar Jahren seine Kinder weiterführten.

Sogar Glöckchen war mit von der Partie, auch wenn er als Pony nicht fliegen konnte. Dafür stand er hinten auf den Kufen des schweren Schlittens und balancierte ihn aus, wenn es durch turbulente Windböen, Wirbel- oder Schneestürme ging. Und er lenkte die anderen mit seinen spannenden Geschichten ab, wenn ihnen zwischendurch die Puste ausging. So hatte jedes Tier seine ganz besondere, wichtige Aufgabe.

Und jetzt waren alle längst bereit. Alle bis auf einen: Vom Weihnachtsmann fehlte jede Spur. Dabei waren es nur noch wenige Tage bis Weihnachten.

„So eine Schnarchnase", brummte Finn und erhielt prompt einen strengen Blick von seinem Vater.

„So spricht man doch nicht vom Weihnachtsmann", ermahnte Ole ihn. Aber insgeheim musste sogar der Herdenanführer schmunzeln, während er seinen Kindern die Futterstelle zeigte. Sehnsüchtig hob er den Kopf zum Himmel. Am liebsten würde er es ja selbst noch mal spüren, dieses aufgeregte Kribbeln, kurz bevor es losging.

2
So was von langweilig!

Björn, der kleine Polarfuchs, war mit seinem weißen Fell in der Landschaft kaum zu erkennen. Nur seine dunklen Knopfaugen und die schwarze Nase hoben sich vom Schnee ab. Schnuppernd reckte er seine Schnauze in die klirrend kalte Winterluft. Dann blinzelte er in den Himmel. Nein, er hatte sich nicht getäuscht. Da kam Burga angeflogen, die Riesen-Schneeeule. Björn fand sie ziemlich unheimlich. Noch zog sie hoch oben ihre Kreise, aber Björn konnte bereits ihre silbernen Schwingen erkennen und das leise Rauschen hören, das sie bei jedem Flügelschlag verursachten.

Er warf einen Blick auf die Rentiere und Glöckchen. Die futterten und schmatzten vor sich hin und hatten keinen blassen Schimmer. Björn schüttelte den Kopf über diese Unachtsamkeit. Wo doch alle so ungeduldig auf den Weihnachtsmann warteten!

Björn lief auf eine Anhöhe. Von hier aus konnte man weit ins Land blicken, sogar bis zum Meer. Und tatsächlich … Da hinten, noch ein ganzes Stück entfernt, kam der Weihnachtsmann auf seinem Schlitten angefahren. Gezogen wurde er von Yorick, seinem uralten Rentierfreund. Die Eule Burga war die Botin des Weihnachtsmannes und kündigte den Rentieren jedes Jahr seine Ankunft an.

Björn schnaubte. Er witterte den Weihnachtsmann auch ganz ohne

Eule. Und wenn er seine Ohren spitzte, hörte er sogar schon das feine Klingeln der vielen Glöckchen, die den Schlitten zierten.

Björn grinste. Na ja, es konnte eben nicht jeder eine so gute Nase und so gute Ohren und Augen haben wie ein Fuchs. Trotzdem ließ er es sich nicht nehmen, zu den mampfenden Rentieren und dem Pony zu flitzen, um ihnen stolz die Neuigkeit zu verkünden.

„He, ihr Lahmhufe! Anstatt euch die Bäuche vollzuschlagen, solltet ihr vielleicht mal euer Zottelfell kämmen. Gleich kommt der Weihnachtsmann!"

Diese Worte wirkten! Als wäre mitten im kalten Schnee ein Feuer ausgebrochen, sprengten die Tiere auseinander, riefen aufgeregt durcheinander und stürmten auf einen Hügel.

Björn war zufrieden mit sich. Er liebte es, für Aufruhr zu sorgen.

Noch mehr allerdings liebte er Neuigkeiten und Abenteuer. Leider gab es hier in der stillen Jahreszeit nicht viel Spannendes zu erleben. Das einzig Besondere war Weihnachten, dieses Fest, von dem Björn nie so recht wusste, ob er es lieben oder fürchten sollte. Es war so schrecklich anstrengend, immerzu brav zu sein und Angst um seine Geschenke haben zu müssen.

„Wenn ich der Weihnachtsmann wäre", dachte Björn, „dann würde ich diese Bravheitsregel streichen! Brav sein wird total überschätzt!"

Mit leicht bangem Gefühl hörte der kleine Polarfuchs, wie das Klingeln der Glöckchen immer deutlicher und die Eule immer größer wurde, je näher sie herabflog. Schließlich landete sie auf der Spitze eines verschneiten Nadelbaumes und schickte ihr „Schuhuuu" hinüber zu den aufgeregt wartenden Tierkindern. Mit glänzenden Augen strahlten diese Burga an, als wäre sie eine heruntergefallene Sternschnuppe. Björn verzog das Schnäuzchen. Immer dieses Tamtam.

„Was für ein Aufstand", murmelte da jemand neben Björn.

Der kleine Polarfuchs fuhr herum. Er mochte es nicht, wenn er beim Spionieren überrascht wurde.

„Schleich dich doch nicht so an, Langohr!", meckerte er den Hasen an, der amüsiert grinste.

„Das musst ausgerechnet du sagen", gab Jasper zurück.

Der Schneehase war eigentlich Glöckchens bester Freund. Aber weil das Pony gerade mal wieder nur Augen und Ohren für Weihnachten hatte, tat sich Jasper um diese Zeit gerne mit Björn zusammen. Obwohl sich die beiden oft kabbelten, waren sie sich in einer Sache einig: Sie fanden diese ganze Aufregung um das Weihnachtsfest ziemlich übertrieben. Insgeheim war Jasper außerdem ein bisschen eifersüchtig auf Glöckchen und die Rentiere. Die Geschichten, die

Glöckchen von den Reisen um die Welt berichtete, klangen nämlich wirklich super-duper.

„Wenn ich Weihnachtsmann wäre", dachte Jasper grummelnd, „würde ich Hasen vor den Schlitten spannen und keine solchen Trampel von Rentieren. Hasen werden eindeutig unterschätzt, nur weil sie so klein sind. Dabei sind sie viel geschickter als Rentiere und können Haken schlagen wie sonst keiner!"

Missmutig beobachteten die beiden, wie nun auch der prächtige Schlitten des Weihnachtsmannes näher kam und seine gebogenen Kufen schließlich mit einem leisen Quietschen im Schnee stehen blieben.

Der Weihnachtsmann stieg aus, machte Yorick, das uralte Rentier, vom Schlitten los, und bedankte sich bei ihm. Dann drehte sich Yorick um und trat gemächlich den Heimweg zur Eisburg des Weihnachtsmannes an.

Björn gähnte. „Immer dasselbe", sagte er zu Jasper.

Der Schneehase nickte. „Du sagst es!", murmelte er. „Immer wieder die gleiche öde Leier!"

❄ 3 ❄
Das Dorf ohne Wunschzettel

Der Weihnachtsmann begrüßte zuerst Ole und Elin und anschließend jedes einzelne Rentierkind.

„Ich hab euch alle vermisst", sagte er herzlich. „Wie schön, euch gesund und munter wiederzusehen!"

Zum Schluss ging er zu Glöckchen hin. „Und du, kleines Weihnachtspony? Wie geht es dir?"

Glöckchen strahlte. „Jetzt geht es mir gut! In den letzten Tagen war es nicht so toll, weil wir so lange auf dich warten mussten, und als wir dachten, jetzt ist es endlich so weit, da war es plötzlich bloß Ole und …" Glöckchen schnappte nach Luft.

Der Weihnachtsmann lachte und tätschelte dem Pony den Hals. „Ganz ruhig, Glöckchen, jetzt bin ich ja da!" Aber dann wurde sein Gesicht sehr ernst.

„Was hast du denn, Weihnachtsmann?", fragte Glöckchen besorgt. „Bist du etwa krank?"

Der Weihnachtsmann schüttelte den Kopf. „Das nicht, aber es gibt tatsächlich einen Grund für meine Verspätung! Kommt mit, dann werde ich euch alles erzählen!"

Nachdem sich der Weihnachtsmann auf der weißen Lichtung ein wenig ausgeruht und gestärkt hatte, fing er an zu berichten: „Ich war gerade dabei, die beste Route für unsere Reise auszutüfteln. Dabei ist mir beim Studieren der Landkarte ein Dorf ins Auge gestochen, bei dem wir in diesem Jahr eigentlich keinen Stopp einlegen müssten."

Finn runzelte die Stirn. „Wie jetzt? Sollen wir die Geschenke, die sich die Kinder gewünscht haben, einfach vom Schlitten werfen? Aus der Luft? Stellt euch vor, die platzen auf und es regnet plötzlich Bauklötze oder Puzzleteile vom Himmel!" Er kicherte, aber seine Schwester Lina stieß ihn an.

„Lass den Weihnachtsmann doch mal weitererzählen", zischte sie.

Der Weihnachtsmann nickte. „Finn spricht genau das an, worauf ich hinauswollte: die Wünsche der Kinder!" Er nahm sein rotes Buch heraus, in dem er sich wichtige Notizen machte. Er schlug es auf und deutete auf eine leere Seite.

Alle blickten verunsichert darauf. Niemand kicherte mehr. Der Weihnachtsmann holte wieder Luft und erzählte weiter.

„Hier waren sonst immer die Wünsche der Dorfkinder aufgelistet. Aber dieses Mal haben meine Helfer keinen einzigen Wunschzettel dort gefunden."

Mit offenen Mündern starrten Glöckchen und die Rentiere den Weihnachtsmann an. Sie wussten, dass viele Engel und Elfen für den Weihnachtsmann arbeiteten. Sie huschten zu den Häusern der Menschen und sammelten die Wunschzettel der Kinder ein. Heimlich natürlich, damit sie nicht entdeckt wurden.

„Vielleicht waren sie dieses Jahr einfach zu früh?", meldete sich Lina zu Wort.

„Nein, ich habe sie sogar zweimal losgeschickt", erwiderte der Weihnachtsmann. „Ich dachte nämlich zuerst dasselbe. Das Unheimlichste, das mir meine Elfen neulich berichteten, war aber: Es gab bei ihrem letzten Besuch auch sonst nichts Weihnachtliches in dem Dorf zu entdecken. Keine geschmückten Fenster, keine Lichterketten, kein Duft nach Lebkuchen oder Plätzchen. Auch von dem hübschen, kleinen

Weihnachtsmarkt, der sonst immer um das Rathaus aufgebaut war, fehlte jede Spur." Er schüttelte betreten den Kopf. „Als würde Weihnachten an diesem Fleckchen gar nicht existieren."

Jetzt setzte ratloses Gemurmel ein.

„Aber das kann doch nicht sein!", rief Glöckchen laut dazwischen. „Die können Weihnachten doch nicht einfach so vergessen haben. Kein Kind vergisst Weihnachten und schon gar nicht seinen Wunschzettel!"

Der Weihnachtsmann zuckte mit den Schultern. „Leider konnten wir nicht hinter den Grund für all das kommen", sagte er. „Ihr wisst ja, wie scheu meine Elfen und Engel sind. Sie zeigen sich nicht gern, sondern sind nur heimlich und am liebsten nachts unterwegs. Daher konnten sie nicht viel herausfinden."

Wieder redeten alle wild durcheinander. Dieses Mal noch lauter und aufgeregter.

„Aber das können wir doch nicht einfach so hinnehmen!", rief Glöckchen. „Weihnachten muss man spüren und sehen – und zwar überall auf der Welt!"

Finn runzelte die Stirn. „Und was sollen wir bitte schön jetzt noch tun?", fragte er. „Übermorgen Abend geht es schon los auf unsere Reise. Und wir hatten bisher noch keine einzige Flugstunde."

Glöckchen sah seinen Bruder trotzig an. „Genau, es geht erst übermorgen Abend los. Wir haben also noch jede Menge Zeit, um herauszufinden, was da nicht stimmt. Und behauptest du nicht immer, du bist der beste Flieger aller Zeiten und brauchst gar kein Training?"

Finn senkte verlegen den Kopf und brummelte etwas Unverständliches.

Jetzt mischte sich der Weihnachtsmann wieder ein. „Glöckchen, Finn hat leider recht. Die Zeit wird knapp. Außerdem: Wer sollte sich unauffällig bei den Menschen umsehen können? Etwa du?"

Das Pony überlegte kurz, dann zog sich ein breites Lächeln über sein Gesicht. „Ja, genau!", sagte es mit fester Stimme. „Ich!"

Der Plan steht

Glöckchen war so aufgeregt, dass er gar nicht stillhalten konnte. Das Pony hatte es sich in den Kopf gesetzt, zu den Menschen zu reisen und das Geheimnis des Dorfes zu lüften.

„Da gibt es ein Geheimnis", behauptete er felsenfest. „Und als Pony bin ich unauffällig. Die Menschen kennen Ponys und mögen sie. Vor allem Kinder!"

Der Weihnachtsmann, der nicht besonders viel von dem gewagten Vorschlag hielt, wiegte den Kopf hin und her.

„Aber du bist hier am Nordpol, mitten in Schnee und Eis aufgewachsen", gab er zu bedenken. „Du kennst dich bei den Menschen doch gar nicht aus."

Glöckchen stampfte trotzig mit dem rechten Vorderhuf auf. „Klar tu ich das, du erzählst uns doch immer so viel. Und schließlich fliegen wir jedes Jahr über ihre Städte und Dörfer und landen vor ihren Häusern. Da kriegt man ganz schön was mit!"

Der Weihnachtsmann seufzte. Er kannte Glöckchen gut genug, um zu wissen, dass es kaum möglich war, ihn noch von seiner Idee abzubringen.

„Du kleiner Dickschädel", brummte er schließlich.

Glöckchen grinste. Spätestens jetzt war klar, dass er gewonnen hatte.

„Ich pass schon auf mich auf", beruhigte das Pony den Weihnachtsmann. „Und du kannst mir ja auch noch ein paar Tipps geben."

Lina stellte sich neben ihren Ponybruder. „Glöckchen wird es schaffen", sagte sie. „Aber ich habe auch eine Bedingung."

Der Weihnachtsmann sah das Rentiermädchen fragend an.

„Ich bringe ihn in das Dorf und hole ihn dort wieder ab!"

„Wirklich? Das würdest du tun, Lina?" Glöckchen war gerührt und außerdem stolz auf seine mutige Schwester.

„He, Moment mal … Lina bringt Glöckchen aber nur unter *meiner* Bedingung zu den Menschen", mischte sich jetzt Finn ein.

Der Weihnachtsmann seufzte. „Und die wäre?"

Finn grinste erst ihn und dann Lina und Glöckchen an. „Ich fliege auch mit! Ich kann meine Schwester und meinen tollpatschigen Bruder schließlich nicht allein durch die Luft gondeln lassen. Außerdem ist das das beste Flugtraining überhaupt!"

Glöckchen, Finn und Lina warfen dem Weihnachtsmann einen flehenden Blick zu.

Erst verdrehte der die Augen, aber dann begann er leise in seinen Bart hineinzulachen. „Ihr drei", murmelte er und schüttelte den Kopf.

„Ihr macht ja doch, was ihr wollt. Also gut, von mir aus! Meinen Segen habt ihr!"

Glöckchen, Finn und Lina jubelten und vollführten einen Freudentanz durch den Schnee. Beinahe so, als würde keine schwierige Aufgabe, sondern ein Feld voller frischer, leckerer Wurzeln und Moose vor ihnen liegen.

Björn, der in einer Mulde hockte und alles genau beobachtet hatte, spürte ein verheißungsvolles Kribbeln in seiner Nase.

Ein Abenteuer lag in der Luft! Und noch dazu ein richtig tolles! Das Dumme war bloß: Es lag viel zu weit von hier entfernt. Also hatte er gar nichts davon! Was für eine Gemeinheit!

Missmutig beobachtete der kleine Polarfuchs, wie der Weihnachtsmann den drei Tierkindern einen kleineren, recht unscheinbaren Holzschlitten zeigte und ihnen erklärte, wie er zu lenken war. Dann schauten sie gemeinsam auf ein großes Papier mit lauter bunten Linien, die sich wie wild gewordene Würmer kreuz und quer darüberschlängelten. Der Weihnachtsmann hatte es vorhin Landkarte genannt. Glöckchen, Finn und Lina hörten zu und nickten zu allem, was ihnen erzählt wurde.

Björn beobachtete alles fasziniert und blieb so lange in seinem Versteck, bis es Zeit wurde, nach Hause zu laufen, damit seine Mutter nicht nach ihm suchte.

Als Björn es sich im Fuchsbau gemütlich machte, war er gar nicht mehr so missmutig wie vorhin. Im Gegenteil: Er war sogar sehr, sehr zufrieden.

5
Auf zu den Menschen

Am nächsten Morgen sollte es zeitig losgehen, damit Glöckchen das Menschendorf gegen Mittag erreichte.

Von Ole, Elin und den anderen hatten sich die drei Tierkinder schon gestern Abend verabschiedet. Natürlich hatten alle dasselbe gesagt. Nämlich, dass sie gut auf sich aufpassen und gesund wiederkommen sollten. Vor allem um Glöckchen machten sie sich Sorgen, denn schließlich sollte das Pony ganz allein bei den Menschen bleiben.

„Weißt du noch alles, was ich dir über ihre Gewohnheiten erzählt habe?", fragte der Weihnachtsmann bestimmt zum zehnten Mal.

Glöckchen nickte nervös. Jetzt, so kurz vor dem Abflug, war ihm selbst etwas mulmig zumute. Ob er überhaupt etwas herausfinden würde? Oder war das Ganze doch eine blöde Idee gewesen?

Der Weihnachtsmann spürte Glöckchens Zweifel und trat auf ihn zu.

„Du musst das nicht tun, kleines Pony", sagte er leise. „Ich würde verstehen, wenn du es dir noch einmal anders überlegst. Wir können auch ohne Wunschzettel ein paar Geschenke zu den Häusern der Dorfbewohner bringen."

Aber Glöckchen schüttelte den Kopf. „Es geht nicht nur um die Geschenke, es geht um viel mehr: den Zauber von Weihnachten!"

Der Weihnachtsmann streckte die Hand aus und berührte die goldene Glocke, die um Glöckchens Hals hing.

„Für deine Mission bekommst du eine besondere Gabe von mir verliehen", sagte er. „Solange du das Glöckchen um den Hals trägst, wirst du die Sprache der Menschen verstehen. Allerdings …", er hob den Zeigefinger, „nur von heute Mittag an, wenn die Sonne am höchsten steht, bis zum nächsten Tag, wenn sie wieder zu sinken beginnt. Genau 24 Stunden lang. Hast du das verstanden?"

Glöckchen nickte. „Und wie ist es umgekehrt?", fragte er. „Können die Menschen mit dem Zauber auch mich verstehen?"

Der Weihnachtsmann zögerte kurz, doch dann antwortete er: „Ja, das können sie. Sei aber vorsichtig, Glöckchen. Gewöhnliche Ponys mögen in der Menschenwelt nicht weiter auffallen, sprechende Ponys hingegen schon. Du könntest leicht in Gefahr geraten. Vor allem vor den Erwachsenen solltest du dich in Acht nehmen!"

Anschließend ermahnte er Glöckchen noch, das Dorf der Menschen am nächsten Tag spätestens wieder zu verlassen, wenn die Rathausuhr zwölf Uhr schlug. Auch, wenn das Pony bis dahin nichts herausgefunden hatte.

„Ansonsten schaffen wir es nicht mehr pünktlich auf unsere Reise und Weihnachten fällt auch noch für den Rest der Welt aus!"

Glöckchen nickte. Viel Zeit war das nicht. Aber umso mehr musste er sich eben beeilen und aufmerksam Augen und Ohren offen halten, sobald er bei den Menschen ankam.

„Alles Gute, kleines Weihnachtspony!", sagte der Weihnachtsmann und streichelte dem Pony durch die Mähne. „Wenn es jemand schafft, etwas herauszufinden, dann du!"

Glöckchen lächelte den Weihnachtsmann treuherzig an, dann trottete er hinüber zu dem Holzschlitten, vor dem bereits Lina und Finn warteten. Auch sie waren aufgeregt und scharrten ungeduldig mit den Hufen.

„Können wir endlich?", fragte Finn. „Sonst brauche ich eine Futterpause, bevor wir überhaupt die Hufe in der Luft haben."

Glöckchen lachte. Er war froh, wenigstens noch auf dem Weg zum Dorf Begleitung zu haben und etwas abgelenkt zu werden.

Dieses Mal stieg das Pony auf den Schlittensitz, denn die Kufen des einfachen Holzgefährtes waren zu kurz, um darauf zu stehen.

„Alles startklar da hinten?" Finn und Lina drehten sich zu Glöckchen um.

„Startklar!", bestätigte Glöckchen.

Und dann ging es los. Die Rentiere nahmen im Gleichschritt Anlauf, wurden immer schneller, sodass der Wind nur so durch Glöckchens Mähne pfiff. Aber das Pony hatte keine Angst, es fühlte sich sicher auf dem Schlitten und hielt die Balance. Auch dann, als sich Finns und Linas Hufe vom Boden lösten und der Schlitten abhob.

Höher und höher glitten sie durch die Luft. Schon bald erkannte Glöckchen unter sich bloß noch einen kleinen leuchtend roten Punkt inmitten einer weiten weißen Landschaft: den Weihnachtsmann, der reglos dastand und ihnen nachblickte, bis das kleine Gespann von den Wolken und Sternen verschluckt wurde.

Ankunft mit Überraschung

Es war fast Mittag, als Lina und Finn mit Glöckchen auf der Lichtung eines kleinen Waldes landeten.

„Hinter dem Wald müsste gleich das Dorf liegen", murmelte Glöckchen.

Lina nickte. „Es war schon aus der Luft zu erkennen", sagte sie. „Eigentlich sah es von dort oben ganz hübsch aus."

Die Tierkinder blinzelten. Obwohl es auch hier viel geschneit hatte und alle Bäume weiße Hauben trugen, strahlte die Sonne grell zwischen den Wolken und Ästen hindurch. So viel Helligkeit waren sie gar nicht gewohnt. Am Nordpol hielt sich die Sonne um diese Jahreszeit meist versteckt und der Himmel gehörte ganz allein den Sternen und Polarlichtern.

„Los, wir fliegen am besten sofort zurück, Finn", sagte Lina zu ihrem Bruder. Sie sah sich beklommen um. Dem Rentiermädchen war es in der Nähe der Menschen nicht ganz geheuer – und dann auch noch am helllichten Tag.

„Nur keine Eile", brummte Finn. „Zeit für einen kleinen Snack wird ja wohl noch sein!" Der Rentierjunge hatte gerade eine Stelle mit frischem, köstlich duftendem Moos entdeckt und bediente sich ausgiebig.

Lina verdrehte die Augen.

„So, jetzt können wir meinetwegen", sagte Finn schließlich und rülpste zufrieden. „Aber den ollen Schlitten lassen wir hier, den schleppe ich nicht unnötig in der Gegend herum. Morgen Mittag holen wir dich ja sowieso wieder ab, Glöckchen!"

Das Pony nickte. „Ich treffe euch am besten wieder hier."

„Und zwar pünktlich", fügte Lina streng hinzu. „Denk dran, was der Weihnachtsmann gesagt hat: Spätestens wenn die Rathausuhr zwölf schlägt, müssen wir los! Sonst schaffen wir es nicht mehr auf unsere Reise."

In diesem Augenblick, als hätte die Uhr Lina gehört, begann sie zu schlagen. Die Tierkinder zählten mit. Es waren genau zwölf Schläge.

„Ab jetzt kann ich die Menschen verstehen und sie mich", dachte Glöckchen. Der Gedanke ließ es aufgeregt in seinem Bauch kribbeln. Er verabschiedete sich rasch von seinen Geschwistern, denn er wollte keine Zeit verlieren. Schließlich blieben ihm nur 24 Stunden, um das Geheimnis im Dorf zu lüften.

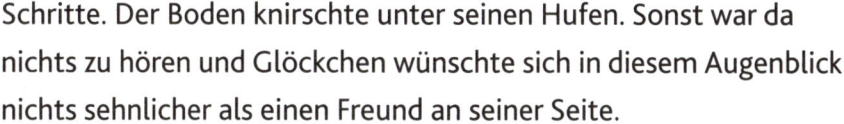

„Bis morgen!", rief er Lina und Finn hinterher, die über dem Wald in die Luft stiegen und schon bald in den Wolken verschwunden waren.

Auf einmal war Glöckchen allein. Zaghaft machte das Pony ein paar Schritte. Der Boden knirschte unter seinen Hufen. Sonst war da nichts zu hören und Glöckchen wünschte sich in diesem Augenblick nichts sehnlicher als einen Freund an seiner Seite.

Da, plötzlich, hörte er ein leises Scharren und Kratzen. Und ... Stimmen. Glöckchen drehte sich um und lauschte. Kamen die Geräusche vom Schlitten? Oder besser gesagt, *aus* dem Schlitten?

„Tolle Idee, wirklich großartig!", zischte die eine verärgert. „Hätte ich bloß nicht auf dich gehört! Nie wieder werde ich das tun, das schreibe ich mir ein für alle Mal hinter die Löffel!"

Die andere Stimme antwortete: „Woher hätte ich denn wissen sollen, dass sich dieses schwere Pummel-Pony ausgerechnet auf dem Sitz breitmacht, hä? Nur deshalb klemmt diese blöde Klappe jetzt! Außerdem dachte ich, wir fliegen sofort wieder zurück."

Glöckchen traute seinen Ohren nicht. Er beugte sich über den Schlitten, auf dem sich plötzlich der Sitz bewegte. Der Weihnachtsmann hatte ihnen gestern gezeigt, dass man ihn wie einen Deckel aufklappen konnte. Darunter befand sich ein Fach, in dem man Kleinigkeiten verstauen konnte. Kleinigkeiten wie ... einen Polarfuchs und einen Schneehasen!

„Björn? Jasper?"

Endlich war der Deckel aufgesprungen und die beiden blinzelten aus der Öffnung.

„Menno, war das eng da drin!", stöhnte Björn. Er schlüpfte aus dem Versteck und streckte sich ausgiebig.

„Noch schlimmer war es, als du gepupst hast", beschwerte sich Jasper und rümpfte angewidert das Schnuppernäschen.

Glöckchen lachte. Er wusste zwar nicht, was der Weihnachtsmann zu den blinden Passagieren gesagt hätte, aber er selbst war in diesem Moment überglücklich, die beiden zu sehen.

„Was macht ihr denn hier?"

„Wir wollten eine kleine Runde spazieren fliegen", erklärte Björn. „So zum Spaß!"

„Ja, er hat behauptet, Lina und Finn bringen uns gleich wieder zurück zum Nordpol", jammerte Jasper. „Und jetzt hocken wir hier in der Sonne fest! Pfui, bäh, ist das hell!"

„Tja, blöder Zufall", sagte Björn. „Da müssen wir jetzt wohl durch!"

Glöckchen schielte zu Björn und musste grinsen. Immerhin kannte er den kleinen Polarfuchs und konnte es seiner frechen Nasenspitze ansehen, dass er sich über diesen blöden Zufall mehr als freute. Falls es denn überhaupt ein Zufall war.

Im Dorf

Glöckchen, Björn und Jasper standen im Schatten der ersten Häuser. Sie lugten durch eine schmale Gasse und erkannten an deren Ende einen großen, schönen Platz. Das musste das Zentrum des Dorfes sein.

Lina hatte recht gehabt: Auf den ersten Blick sahen die Häuser und Gärten wunderschön aus – sie waren vom Schnee bedeckt und von der Sonne beschienen.

Alles wäre perfekt, wäre nicht Weihnachtszeit, dachte Glöckchen. Denn nichts, wirklich gar nichts, deutete auf das größte und schönste Fest des Jahres hin, das vor der Tür stand.

„Wirklich seltsam", murmelte das Pony. „Schaut mal, das da hinten muss die Schule sein. Da sieht man durch die Fensterscheiben jede Menge Kinder. Und das Haus daneben ist sicherlich der Kindergarten. Die Kleinen spielen draußen im Garten."

Tatsächlich waren nicht einmal die Fenster dieser Gebäude geschmückt. Kein einziger Stern, keine selbst gebastelte Schneeflocke zierte die Scheiben.

Glöckchen fröstelte.

„Wollen wir mal zu dem Platz da vorn?", schlug Björn vor.

„Also, ich weiß nicht", erwiderte Jasper. „Da sind wir ja auf dem Präsentierteller!"

„Na und?", entgegnete Björn. „Siehst du das große gelbe Haus? Drumherum stehen jede Menge Tannen und Büsche, da können wir uns prima verstecken und kriegen trotzdem alles mit! Oder willst du hier auf der Straße warten, bis dich jemand entdeckt?"

Jasper seufzte. „Auch wieder wahr", musste er zugeben.

„Ich finde die Idee auch gut", sagte Glöckchen und marschierte voran. „Immerhin können wir nur dann etwas herausfinden, wenn wir uns unter die Menschen mischen."

„Wir?", hakte Jasper nach. „Nein, nein, ich halte mich da schön raus. Am Ende lande ich als Weihnachtsbraten im Kochtopf, wenn mich jemand entdeckt!"

Björn grinste. „Träum weiter, Langohr! Wer will so was wie dich denn auf dem Teller haben?"

Jasper warf dem Polarfuchs einen zornigen Blick zu, aber dann rannten beide schnell hinter Glöckchen her, der schon fast den Dorfplatz erreicht hatte. Eigentlich war es vielmehr ein großer Park mit Wiesenflächen, Wegen, Bäumen und Bänken. Im Frühjahr blühten hier sicherlich jede Menge Blumen.

Bewundernd blickte das Pony an der gelben Fassade des prächtigen Hauses empor, das in der Mitte des Parks stand. Oben im Giebel befand sich eine Uhr.

„Das muss das Rathaus sein", überlegte Glöckchen. „Und im Rathaus lebt der ... äh ... Moment, wie hatte der Weihnachtsmann doch gleich gesagt? Menschenmeister?"

„Bürgermeister", verbesserte Björn.

„Richtig, Bürgermeister", wiederholte Glöckchen. Dann warf das Pony Björn einen misstrauischen Blick zu. „Woher weißt du das eigentlich? Hast du etwa gelauscht, als mir der Weihnachtsmann gestern alles erklärt hat?"

Björn setzte eine Unschuldsmiene auf. „Ich? Gelauscht? Pff! Ich kann doch nichts dafür, wenn der so laut redet. Ich bin nur zufällig vorbeispaziert."

„So, so, vorbeispaziert!"

In diesem Moment quietschte die große Holztür des Rathauses. Jasper machte einen Satz und sprang Haken schlagend hinter den nächsten Busch. Björn folgte ihm.

Glöckchen allerdings war weniger schnell als seine Freunde. Außerdem war er auch neugierig. Eine Frau kam aus der Tür. Sie trug einen Wollmantel und eine große Umhängetasche über der Schulter. Unter ihrer Pudelmütze kringelten sich braune Locken hervor.

Erste Begegnungen

„Na, so was!", rief die Frau, als sie Glöckchen erblickte. „Wo kommst du denn her?"

Glöckchen zuckte zusammen. Nicht weil er Angst vor der Frau hatte. Sie sah sogar ziemlich nett aus. Sondern weil er zum ersten Mal merkte, dass der Zauber wirkte. Er konnte tatsächlich die Sprache der Menschen verstehen.

Kurz überlegte Glöckchen trotzdem, sich zu verstecken, so wie seine beiden Freunde. Aber das ergab gar keinen Sinn. Er wollte schließlich herausfinden, wo in diesem Dorf Weihnachten geblieben war. Und das ging nur, wenn er ganz nah an den Menschen dran war und mitbekam, was sie taten und redeten. Also blieb Glöckchen stehen und blinzelte die Frau an.

Diese merkte anscheinend, dass Glöckchen etwas verunsichert war. Ganz vorsichtig ging sie auf ihn zu, und als sie direkt vor ihm stand und er ihre lieben Augen sah, wusste Glöckchen, dass von ihr keine Gefahr ausging.

„Vielleicht bist du ja von einem Bauernhof aus der Nähe entwischt", überlegte die Frau laut und streichelte Glöckchen sanft über den Kopf. „Na, das werden wir schon herausfinden. Ich heiße übrigens Ida und schreibe für die Zeitung. Am besten mache ich gleich ein Foto von dir und setze es in die morgige Ausgabe. Dann werden wir deinen Besitzer sicherlich finden. Und bis dahin kannst du bei unseren Schafen im Schuppen wohnen."

Ida holte einen kleinen schwarzen Apparat aus ihrer Manteltasche. „Bitte recht freundlich", sagte sie, hielt das Ding vor Glöckchens Nase und es machte leise *klick*. „Schon passiert!"

In diesem Moment öffnete sich die Tür des Rathauses erneut und ein Mann trat heraus. Er war groß und schlaksig und sah irgendwie ernst aus. Erst als er die Frau mit Namen Ida sah und neben ihr das Pony, lächelte er plötzlich.

„Sie sind ja immer noch hier, Ida! Brauchen Sie etwa noch ein paar Informationen für Ihren Artikel über das große Winterfest morgen?"

Jetzt veränderte sich Idas Ausdruck. Ihr Mund zuckte und Glöckchen sah, dass sich eine steile Falte auf ihrer Stirn bildete.

„Nein, vielen Dank, Herr Bürgermeister, ich habe alles, was ich brauche", antwortete sie knapp.

„Schön!" Der Mann, den Ida Bürgermeister genannt hatte, nickte. „Es wird sicherlich ein wunderbares Fest und …" Er deutete auf Glöckchen. „Wen haben Sie denn da? Ist das Ihr neues Haustier?" Er lachte etwas zu laut.

„Keine Ahnung, woher das Pony kommt", erwiderte Ida. „Es stand einfach hier vorm Rathaus. Aber ich kümmere mich darum, Herr von Brügge!"

Glöckchen spitzte die Ohren. Der Bürgermeister hieß also Herr von Brügge. Das Pony betrachtete den Mann von oben bis unten. Ein Bürgermeister war so etwas wie das Oberhaupt des Dorfes, hatte ihm der Weihnachtsmann erklärt. Aber ob er ein genauso guter und lustiger Anführer war wie Ole für Glöckchen und die Rentierherde?

Auch der Bürgermeister betrachtete Glöckchen nachdenklich. Dann leuchteten plötzlich seine Augen auf.

„Das ist es!", rief er. „Na klar, ein Pony!"

Ida sah Herrn von Brügge fragend an.

„Ich hatte Ihnen doch vorhin erst gesagt, dass mir eine letzte Attraktion für unser Fest fehlt. Etwas, das vor allem die Kinder begeistert! Und was gibt es Schöneres für die Kleinen als so ein niedliches, wuschelweiches Pony? Die Kinder könnten es frisieren oder im Wechsel durch das reich geschmückte Winterwunderland reiten und sich wie kleine Schneeprinzessinnen und Schneekönige fühlen. Überlegen Sie doch mal, Ida, das wird der Hit! Verraten Sie davon aber noch nicht zu viel in Ihrem Artikel, schreiben Sie bloß: Es wartet noch eine ganz besondere, kuschelweiche Überraschung auf unsere jüngsten Gäste!"

Der Bürgermeister schien richtig begeistert von seiner Idee.

Ida hingegen holte zischend durch die Zähne Luft, zog die Augenbrauen zusammen und sah aus, als wollte sie etwas Bissiges erwidern. Aber dann zuckte sie bloß mit den Schultern und meinte: „Wie Sie wollen, Herr von Brügge. Eine ganz besondere, kuschelweiche Überraschung also. Wird gemacht."

Der Bürgermeister winkte Ida noch einmal zu, dann ging er davon.

„Ach, du armes kleines Pony! Vielleicht können wir dir diesen Blödsinn ersparen, wenn wir vorher deinen Besitzer finden", murmelte Ida. Dann nahm sie die kleine goldene Glocke, die um Glöckchens Hals hing, in die Hand und ließ sie leise bimmeln. „Winterwunderland", fügte sie seufzend hinzu. „Als würde so etwas Albernes ein echtes Weihnachtsfest ersetzen!"

Glöckchen stockte der Atem. Fast hätte er die Frau gefragt: „Warum soll Weihnachten denn ersetzt werden?" Aber dann biss er sich auf die Zunge. Der Weihnachtsmann hatte gesagt, er sollte sich in Acht nehmen, vor allem vor den Erwachsenen. Und auch wenn Ida nett zu sein schien, war es vielleicht erst einmal besser abzuwarten. Vielleicht verriet sie ja von selbst noch mehr? Als sprechendes Pony würde Glöckchen sonst am Ende eine noch größere Attraktion auf diesem komischen Fest werden. Frisiert zu werden, hörte sich schon gruselig genug an.

Locke und Flocke

Ida deutete jetzt auf ein kleines rotes Holzhaus mit weißen Fensterläden, das direkt an den Dorfplatz grenzte.

„Schau, kleines Pony, das da vorn wird dein Zuhause sein, bis wir wissen, wohin du gehörst." Sie lachte. „Na, die anderen werden vielleicht Augen machen, wenn sie aus der Schule kommen! Vor allem Greta, die wünscht sich ein Pony, seit sie drei ist."

Ida schob Glöckchen sanft in Richtung des Häuschens, vor dem ein Garten mit einem Holzschuppen lag. Auch er war rot gestrichen und sah aus wie eine Miniaturausgabe des Wohnhauses. Glöckchen drehte sich im Laufen um und entdeckte zwischen den Büschen zwei lange Ohren und daneben zwei schwarze Knopfaugen. Gut! Jasper und Björn waren also immer bei ihm.

Als Ida die weiße Tür zum Holzschuppen öffnete, meldete sich eine Stimme: „Mäh, ein Pony!"

Dann eine zweite: „Mäh, stimmt!"

Zwei Schafe standen hinter einem Holzgatter und glotzten Glöckchen an. Ein weißes und ein schwarzes. Beide fraßen dabei Heu und kauten im Gleichtakt.

„Schaut, Flocke und Locke, hier bringe ich euch einen kleinen Spielkameraden. Seid bitte nett zu unserem Gast und lasst ihm etwas Heu übrig."

Ida machte das Gatter auf und führte Glöckchen zu den Schafen, die ihn neugierig beobachteten. Das Pony schnupperte. Hier drinnen

duftete es herrlich nach getrocknetem Gras und Kräutern. Überhaupt war es sehr gemütlich.

„Ich muss jetzt noch schnell meinen Artikel über dieses dumme Fest schreiben", sagte Ida. „Und natürlich über dich, kleines Pony!"

Sie streichelte allen drei Tieren kurz über den Kopf und verließ den Schuppen. Die Tür ließ sie einen Spaltbreit offen.

Glöckchen und die beiden Schafe musterten sich gegenseitig.

„Also", begann das Pony schließlich, „ich heiße Glöckchen. Und wer von euch ist Flocke?"

„Mäh!", meldete sich das weiße Schaf.

Glöckchen lachte. „Klar, weil du so weiß und fluffig wie eine Schneeflocke bist, oder?" Er wandte sich an das schwarze Schaf. „Und du hast so ein kringeliges Fell, darum musst du wohl Locke sein!"

„Mäh!", kam zur Antwort.

„Seid ihr schon lange hier?", erkundigte sich Glöckchen.

„Mäh, ja", sagte Flocke.

„Und gefällt es euch bei Ida?"

„Mäh, ja!", sagte Locke.

Glöckchen seufzte. Die beiden wirkten zwar auf den ersten Blick ganz nett, aber leider alles andere als gesprächig. Es würde ziemlich anstrengend werden, denen irgendetwas aus der Nase zu ziehen.

In diesem Moment schlüpften zwei kleine Gestalten durch den Türspalt des Schuppens.

„Oh, da seid ihr ja!" Glöckchen war erleichtert, Björn und Jasper unversehrt wiederzusehen. „Hat euch jemand entdeckt?"

„Zum Glück nicht", hechelte Jasper. Der Schneehase war ziemlich außer Atem. „Aber wir mussten ein paarmal hin- und herrennen, um unsere Spuren zu verwischen!"

Björn baute sich vor den Schafen auf. „Was seid ihr beide denn Komisches?" Er schnüffelte an den Schafen herum. „Euren Geruch kenn ich gar nicht. Aber ihr seht aus wie Wolken, die vom Himmel gepurzelt sind!"

„Mäh, Schafe!", antworteten beide gleichzeitig.

„Das sind Locke und Flocke und sie wohnen bei Ida, der Frau, die ihr gesehen habt", erklärte Glöckchen. „Und diese beiden", sagte er zu den Schafen, „sind Jasper und Björn, zwei gute Freunde von mir."

Dann gab er dem Polarfuchs und dem Schneehasen die wenigen Informationen weiter, die er bisher von Ida und dem Bürgermeister gesammelt hatte.

„Aha, ein Winterwunderland soll es morgen geben?", hakte Jasper nach. Er nieste. „Interessant. Und was genau soll das bitte schön sein? Ha-hatschi!"

Glöckchen schüttelte den Kopf. „Keine Ahnung, aber Ida meinte, es wäre kein Ersatz für ein echtes Weihnachtsfest. Und sie hat dabei nicht besonders glücklich geklungen."

„Mäh, früher war es anders", sagte Flocke auf einmal.

„Mäh, stimmt", ergänzte Locke.

Glöckchen horchte auf. „Was war denn anders?", fragte er. „Gab es da noch Weihnachten? Warum denn jetzt nicht mehr? Wie konnte das passieren? Weihnachten geht doch nicht einfach so verloren, oder?"

Aber Locke und Flocke hatten anscheinend keine Lust auf eine längere Unterhaltung. Vielleicht waren es ihnen auch zu viele Fragen auf einmal gewesen. Jedenfalls gähnten sie und blinzelten bloß müde vor sich hin.

Eines wusste Glöckchen: Es würde nicht leicht werden, das Geheimnis des Dorfes zu lüften. Er brauchte dringend Hilfe. Am besten von jemandem, der keine Attraktion aus Glöckchen machen wollte. Und der ein bisschen mehr als nur „Mäh" und einsilbige Sätze von sich gab. Kurzum: kein Schaf und kein Erwachsener!

In diesem Augenblick hörten die Tiere schnelle Schritte, die sich dem Holzschuppen näherten. Die Tür wurde aufgerissen und zwei Kinder stürmten herein: ein Junge und ein Mädchen.

Jasper und Björn versteckten sich schnell im Heu. Zum Glück hörte nur Glöckchen das leise „Hatschi" des kleinen Schneehasen.

10

Flori und Greta

Die beiden Kinder liefen sofort auf Glöckchen zu.

„Es stimmt", rief das Mädchen freudestrahlend. „Sieh nur, Flori, Mama hat nicht geflunkert! Da steht ein Pony, ein echtes Pony!"

Der Junge, der anscheinend Flori hieß, war einen guten Kopf kleiner und wohl auch jünger als das Mädchen. „Schau mal", sagte er grinsend, „diese Wuschelmähne! Und so ein goldenes Dingsbums um seinen Hals! Tragen das nicht eigentlich bloß Hunde oder Katzen, damit man sie leichter wiederfindet, wenn sie weglaufen?"

Das Mädchen betrachtete die kleine Glocke nun auch genauer. „Sieht hübsch aus", sagte sie und bimmelte leise daran, genau wie ihre Mutter vorhin. „Hör doch mal, wie weihnachtlich das klingt!"

Das Gesicht des Jungen nahm plötzlich einen erschrockenen Ausdruck an.

„Pst", flüsterte er, „du weißt doch, dass wir so etwas nicht sagen sollen, Greta!"

Das Mädchen zog die Stirn kraus. „Ich sage, was ich will", erwiderte sie trotzig. „Und bald ist nun mal Weihnachten, ob es den Leuten hier im Dorf passt oder nicht! Ich glaube, ich gehe übermorgen einfach ein paar Schritte aus dem Dorf und rufe ganz laut, damit alle es hören: Heute ist Weihnachten, juhu, es ist Weihnachten! Und dann singe ich alle Weihnachtslieder, die ich kenne! Das kann mir doch keiner verbieten, oder?"

Flori schüttelte den Kopf. „Du bist verrückt, Greta!"

In diesem Moment trat ein Mann zu den Kindern in den Schuppen.

„Schau mal, Papa, ist das Pony nicht zuckersüß?", rief das Mädchen und schmiegte ihre Wange an Glöckchens Kopf.

Der Vater der Kinder nickte. „Ja, tatsächlich. Aber ihr wisst, dass wir es wieder seinem Besitzer zurückgeben müssen? Mama schreibt gleich morgen einen Aufruf in die Zeitung. Wahrscheinlich wird es schon vermisst."

„Ja, ja", sagte Greta. „Aber kannst du den Besitzer nicht mal fragen, ob du ihm das Pony abkaufen kannst? Bitte, Papa! Vielleicht ist das Pony abgehauen, weil es ihm zu Hause nicht mehr gefallen hat."

Der Vater lachte. „Als Hausmeister der Schule verdiene ich zwar ganz ordentlich und Mama als Redakteurin auch. Aber ein Pony können wir uns trotzdem nicht leisten. Ihr habt uns schließlich schon überredet, die Schafe zu behalten!"

Das Mädchen verdrehte die Augen. „Dann frag doch einfach Herrn von Brügge, ob er es für uns kaufen kann. Der hat doch Geld!"

Der Vater legte Greta eine Hand auf die Schulter. „Herr von Brügge hat uns schon genug geholfen. Ich möchte ihn nicht noch um einen weiteren Gefallen bitten. Verstehst du das?"

Greta schüttelte den Kopf. „Nein, das verstehe ich nicht! Er hat uns vielleicht geholfen, aber dafür hat er uns ja ordentlich was weggenommen."

„Es reicht, Greta!", unterbrach der Vater sie streng. „Das Pony kann bleiben, solange wir seinen Besitzer nicht gefunden haben. Danach kommt es weg. Aus, basta!"

Damit stapfte der Vater aus dem Schuppen.

„Papa ist so gemein", brummelte Greta. „Warum sagst du nicht auch mal was, Flori?"

Der Junge zuckte mit den Schultern. „Wieso, was hätte ich denn sagen sollen? Uns geht es doch gut." Er grinste. „Außerdem habe ich gehört, dass es morgen auf dem Fest eine Schneekanone geben soll und eine Eisfläche, auf der man Autoscooter fahren kann. Und Mama hat was von einer Schatzsuche im Schnee erzählt und von Geschenken, die man aus riesigen Eisklumpen freiklopfen muss. Das wird sicherlich die beste Feier aller Zeiten!"

Greta wiegte den Kopf hin und her. „Kann schon sein. Aber ein geschmückter Weihnachtsbaum und Lebkuchen und Kerzen würden mir noch viel besser gefallen. Weißt du denn nicht mehr, wie schön wir es letztes Jahr um diese Zeit hatten?"

Flori überlegte. „Nö", brummte er dann. „Ich weiß nur noch, dass

Mama und Papa schlechte Laune hatten, weil die Heizung kaputt war und sie ihre Arbeit verloren haben. Es war eiskalt und wir haben Punsch bei den Schafen im Stall getrunken, weil es hier drin am wärmsten war. Wenn du mich fragst: Ich finde es jetzt viel besser."

Damit rannte Flori davon. Greta betrachtete Glöckchen und die Schafe mit schief gelegtem Kopf. „Also, ich fand es trotzdem gemütlich letztes Jahr", murmelte sie.

Aus dem Stroh nieste es. Glöckchen, der schon ahnte, dass es der Schneehase war, schnaubte und verzog die Nase, um Greta abzulenken.

„Armes Pony", sagte sie, „du hast dich doch nicht etwa erkältet?"

Da hörte man von draußen die Stimme ihres Vaters: „Zeit fürs Mittagessen! Kommst du, Greta?"

Greta warf Glöckchen ein Lächeln zu. „Bis später! Ich bring dir nachher einen leckeren Apfel vorbei, ja? Der ist gesund und hat viele Vitamine!"

Damit lief auch sie aus dem Schuppen.

11

Unerwarteter Besuch

Nachdem sie wieder allein waren, beratschlagten sich die Tiere.

"Also, das Mädchen war ja eigentlich ganz nett und sie mochte anscheinend auch W…Weih…Weihn… Hatschi!" Jasper nieste gleich dreimal hintereinander.

Glöckchen kicherte. "Armer Jasper! Ich glaube, du hast eine Heu-Allergie!"

"Eine … eine was? Hatschi!" Jasper verzog das Gesicht.

Im Gegensatz zu Glöckchen hatte Björn weniger Mitleid mit dem Schneehasen. "Halt dir besser mal die Pfote vor die Nase, das ist ja eklig", brummte er angewidert. Dann fügte er hinzu: "Der Junge hat übrigens seltsam gerochen. Irgendwie traurig!"

"Traurig? Seit wann kannst du so was denn riechen?", erkundigte sich Glöckchen zweifelnd. Das Pony wusste, dass Björn manchmal Quatsch redete, nur, um sich wichtig zu machen. Andererseits besaß Björn tatsächlich einen ausgezeichneten Geruchssinn.

Björn grinste nur. "Glaub es oder glaub es nicht", sagte er.

"Was ich auf jeden Fall glaube, ist, dass wir hier genau an die richtige Adresse geraten sind", sagte Glöckchen. "Und später, wenn das Mädchen wiederkommt, erfahren wir hoffentlich noch mehr. Anscheinend hat ihre Familie letztes Jahr noch ein ganz normales Weihnachtsfest gefeiert." Das Pony wandte sich an die Schafe. "Stimmt doch, oder?"

"Mäh, ja", blökte Flocke.

„Mäh, stimmt", bekräftigte Locke.

„Mäh, mäh, schön war's!", sagten beide gleichzeitig.

„Aber was ist denn bloß passiert?", fragte Glöckchen verzweifelt. „Jetzt sprecht doch endlich mit uns! Wir kommen extra vom Nordpol angereist, der Heimat des Weihnachtsmannes. Wir wollen helfen, damit Weihnachten in dieses Dorf zurückkommt! Wenn es so schön war, wie ihr sagt, wollt ihr das doch ganz bestimmt auch, oder etwa nicht?"

Die Schafe glotzten Glöckchen stumm an und das Pony befürchtete schon, dass es wieder zu viel auf einmal gesagt hatte.

Aber da brummte Locke erstaunlicherweise: „Du willst wissen, was passiert ist, mäh?"

Glöckchen nickte verblüfft. Das war ja ein richtiger Satz, den Locke da von sich gegeben hatte.

„Herr von Brügge ist passiert, mäh", blökte Flocke.

Und als hätte er seinen Namen gehört, steckte der Bürgermeister genau in diesem Moment seinen Kopf durch den Spalt der Schuppentür. Als er Glöckchen erblickte, breitete sich ein Grinsen in seinem Gesicht aus. Björn und Jasper konnten sich gerade noch im Heu verstecken, bevor Herr von Brügge hineinschlüpfte. Er hatte ein Seil dabei.

„Na, mein kleiner Wonneproppen?" Der Bürgermeister tätschelte Glöckchen den Hals und legte ihm das Seil um den Hals.

„Ich freue mich sehr, dass ich dich morgen auf meinem wunderbaren

Fest präsentieren kann. Tiere sind doch das Schönste für Kinder. Ich selbst hatte früher einen Goldfisch. Er hieß Einstein. Er war zwar nett, aber eigentlich wollte ich viel lieber eine Katze oder einen Hund. Eben ein Tier, mit dem man etwas anfangen und das man auch mal kraulen und knuddeln kann. Aber meine Mutter war auf alles allergisch, was Fell hatte." Er lachte. „Vielleicht hat sie das auch nur behauptet, weil sie keinen Schmutz im Haus wollte."

Herr von Brügge schaute sich verstohlen um. So, als wollte er nicht belauscht oder erwischt werden. Aber … wobei? Da öffnete Herr von Brügge schon das Gatter und zog Glöckchen an dem Seil hinaus.

„Ich finde dich ja wirklich prima, kleines Flauschpony", murmelte er draußen. „Aber eine klitzekleine Sache müssen wir noch erledigen." Mit Daumen und Zeigefinger schnipste er gegen die kleine goldene Glocke, die um Glöckchens Hals hing.

12

Das Weihnachtsversteck

Glöckchen hatte ein mulmiges Gefühl im Bauch, als der Bürgermeister ihn mit sich nahm, obwohl Herr von Brügge freundlich zu ihm sprach, ihn ständig tätschelte und ihm sogar ein Stückchen Zucker gab.

Vielleicht lag es daran, was Flocke vorhin gesagt hatte: „Herr von Brügge ist passiert." Aber was genau hatte das Schaf damit gemeint?

„Siehst du, wie schön hier alles aussieht?", fragte der Bürgermeister, als sie über den Dorfplatz gingen.

Natürlich erwartete er keine Antwort von dem Pony. Er konnte ja nicht ahnen, dass Glöckchen ihn wirklich verstand und ihm sogar hätte antworten können.

Am liebsten hätte Glöckchen das sogar getan. Dann hätte er Herrn von Brügge nämlich ins Gesicht gesagt, was er von den vielen blinkenden Lichterketten hielt, die inzwischen überall zwischen den Bäumen gespannt waren: dass einem ganz schwindlig davon wurde und man am besten die Augen zukniff, um sich den Anblick zu ersparen. Auch das beleuchtete Rathaus war schrecklich, das jede Sekunde in einer anderen Farbe und in einem anderen Muster angestrahlt wurde. Sollte das etwa schön sein?

Gerade waren mehrere Männer dabei, Karussells, Zelte und alle möglichen Buden aufzubauen. Überall wurden Kabel verlegt, alles flimmerte, glimmte und flackerte.

„Jedes Kind bekommt außerdem etwas geschenkt", erklärte Herr von Brügge stolz. „Siehst du den Lkw da vorne? Der ist bis oben hin gefüllt mit Spielzeug. Alles, was man sich nur wünschen kann. Und Süßigkeiten …" Der Bürgermeister lachte wieder sein lautes Lachen, „Süßigkeiten ohne Ende!" Er winkte einem der Arbeiter zu. „Ruhig noch etwas mehr bunten Glitzer vors Zelt. Die Eisprinzessin wird genau dort aus einer Gondel springen. Daneben dann bitte schön der Schminkstand für alle, die selbst mal Eisprinzessin sein wollen. Und die Riesen-Lollis stecken Sie bitte links und rechts von der Eisrutschbahn zwischen die Fackeln."

Glöckchen konnte gar nicht aufhören zu staunen. Was sollte das alles? Wieso veranstaltete Herr von Brügge dieses Fest? Was genau wurde hier eigentlich gefeiert? Und warum hatte der Bürgermeister Berge von Geschenken für die Kinder besorgt?

„Dort entlang", raunte Herr von Brügge nun und führte Glöckchen seitlich am Rathaus vorbei zur Rückseite des Gebäudes. Hier war im Gegensatz zur Vorderseite nichts los. Der Mann blieb vor einer kleinen Holztür stehen, die sich in einem Eckürmchen befand. Er zog einen Schlüssel aus seiner Manteltasche und schloss auf.

Glöckchen schielte an dem Bürgermeister vorbei durch den schmalen Türschlitz. Was er im Dämmerlicht erkennen konnte, verschlug ihm den Atem. Die kleine Kammer war überfüllt mit Dingen. Aber nicht irgendwelche Dinge, sondern lauter Weihnachtsschmuck: Strohsterne, Girlanden, Holzengel, Kerzen, Christbaumkugeln, Adventskalender und Basteleien blitzten ihm entgegen. Alles durcheinander auf einen Haufen geworfen, als wäre es wertloser Abfall. Ganz oben aus dem Berg ragte ein Plüschteddy mit einer roten Zipfelmütze hervor. Traurig schaute er Glöckchen aus seinen schwarzen Knopfaugen an.

Aber bevor Glöckchen darüber nachdenken konnte, was das alles zu bedeuten hatte, beugte sich der Bürgermeister zu ihm und streckte die Hand nach seinem roten Halsband aus. „So, und jetzt gib mir dieses kleine goldene Ding!" Sein Ausdruck war jetzt nicht mehr so freundlich wie eben noch, sondern eher … Ja, wie eigentlich? Gierig? Wütend? Ängstlich?

Herr von Brügge wollte die Glocke einfach von Glöckchens Hals reißen, da machte das Pony einen Satz rückwärts und schnaubte den Bürgermeister böse an. Dabei kniff er die Augen zu zwei schmalen Schlitzen zusammen.

Glöckchen war eigentlich ein friedvolles
Pony. Aber was zu viel war, war zu
viel. Die goldene Glocke war das
Wertvollste, das er besaß.
Und das ließ er sich ganz
bestimmt nicht weg-
nehmen, auch nicht von
einem Oberhaupt.
Außerdem war sie mit
dem Zauber des Weih-
nachtsmannes belegt.
Ohne die Glocke konnte
das Pony die Menschen nicht
mehr verstehen.

„Ho, hooo! Ganz ruhig, was hast du denn plötzlich?", fragte der
Bürgermeister, verblüfft von Glöckchens Reaktion. „Ich will dir doch
nichts tun, nur dieses Glöckchen sollst du mir geben. Du wirst sehen,
ohne das enge Halsband ist es auch für dich viel bequemer! Ich gebe
dir dafür … Ja, ein lustiges Partyhütchen! Das wird dir gut stehen.
Und ein paar Luftschlangen bekommst du auch um den Hals gehängt.
Na, was sagst du?"

Er wollte sich Glöckchen abermals nähern, aber das Pony machte
einen weiteren Satz rückwärts und wieherte so laut und ärgerlich, wie
es nur konnte. Außerdem bleckte es gefährlich die Zähne und legte
die Ohren an.

„Du kleiner Bengel!" Herr von Brügge wich erschrocken zurück.
„Versuchst du etwa, mich zu beißen? Na warte …"

Genau in diesem Moment kam Ida um die Ecke.

„Herr von Brügge, haben Sie vielleicht das kleine Pony gesehen? Es muss irgendwie aus dem Schuppen ... Ach, da ist es ja!"

Schnell zog der Bürgermeister die kleine Holztür zu und ließ den Schlüssel in seiner Manteltasche verschwinden. Mit einem strahlenden Lächeln blickte er Ida entgegen.

13
Gretas Geheimnis

*I*da wuschelte Glöckchen durch die Mähne. „Die Kinder müssen vergessen haben, das Gatter richtig zuzumachen", sagte sie. „Du scheinst mir ja ein richtiger kleiner Ausreißer zu sein, hm?"

Herr von Brügge lachte nervös. „Ja, ja, Sie sagen es! Ein richtig kleiner Frechdachs ist das. Nur gut, dass ich ihn wieder einfangen konnte. Mit dem Strick hier haut er uns hoffentlich nicht mehr so schnell ab!"

Ida sagte nichts darauf, aber sie lächelte Glöckchen freundlich an. „Komm lieber zurück zum Schuppen, mein Kleiner!", sagte sie. „Du willst es doch warm und gemütlich haben, wenn es später dämmert, oder?"

Als Ida Glöckchen fortführte und das Pony sich noch einmal umdrehte, konnte es die steile Falte über Herrn von Brügges Nase erkennen. Ganz klar: Dem Bürgermeister passte es nicht, dass er die goldene Glocke nicht bekommen hatte. Aber was wollte er damit?

Glöckchen fröstelte. Egal, wo man hinsah und hinhörte … Rätsel, Rätsel und noch mehr Rätsel.

Kaum war Glöckchen wieder bei den Schafen im Schuppen und Ida aus der Tür, kamen Jasper und Björn aus ihren Verstecken hervor.

„He, sollen wir dir mal zeigen, was wir mit Locke und Flocke einstudiert haben?", fragte der Schneehase, noch bevor Glöckchen etwas von seinen seltsamen Erlebnissen erzählen konnte.

Die beiden warteten keine Antwort ab, sondern kletterten jeder auf einen Schafsrücken. Dann begannen sie von einem zum anderen zu hüpfen, immer aneinander vorbei. Anschließend machten sie Männchen und Pfotenstand, hüpften im Salto hinunter ins Stroh und endeten mit mehreren Purzelbäumen unter den Schafsbäuchen hinweg.

Locke und Flocke standen reglos da wie zwei Felsen und ließen alles mit sich geschehen.

Glöckchen konnte nicht anders. Obwohl ihm immer noch unwohl war wegen allem, was er erlebt hatte, musste er bei dem Anblick der vier loslachen. „Wie seid ihr denn auf die verrückte Idee gekommen?"

Jasper kicherte: „Björn wollte eigentlich bloß wissen, ob man sich in das Schafsfell werfen kann wie in frischen Schnee."

Björn nickte. „Und es ist sogar noch weicher als frischer Schnee! Vor allem viel wärmer!"

Glöckchen schüttelte grinsend den Kopf. „Ihr habt hier euren größten Spaß und ich wäre fast beklaut worden!" Er wollte gerade von dem Halsband und dem seltsamen Verhalten des Bürgermeisters berichten, da näherten sich wieder Schritte.

„Pst", machte Glöckchen und Björn und Jasper verschwanden blitz-

schnell in ihren Heu-Verstecken. Der Schneehase nieste zweimal, da öffnete sich quietschend die Tür zum Schuppen.

Zum Glück war es nur Greta. Glöckchen atmete erleichtert auf. Das Mädchen hatte ihm wie versprochen etwas mitgebracht.

„Schau, ein paar frische Äpfel und Möhren", sagte sie. „Damit geht dein Schnupfen sicher bald weg!" Glöckchen freute sich und kaute genüsslich, was Greta ihm hinhielt.

Auch die Schafe bekamen ein paar Leckereien und Glöckchen hörte ein leises Schmatzen aus dem Heu, als er ein paar Apfel- und Möhrenstückchen für seine beiden Freunde fallen ließ.

Greta streichelte Glöckchen durch die Mähne und blieb den restlichen Nachmittag bei ihm. Dabei erzählte sie von der Schule und den bevorstehenden Ferien. Aber leider nichts, was Glöckchen weiterhalf. Das Pony wurde schon etwas nervös, denn immerhin lief ihnen die Zeit davon.

Aber da, plötzlich, zog Greta etwas aus ihrer Tasche. Es war eine kleine stabförmige Lampe, die sie anknipste. Inzwischen war es dunkel

im Schuppen geworden, aber die Lampe hüllte den Raum in ein warmes Licht.

Greta griff nach einer Wolldecke, die über einem Holzschemel lag, und wickelte sich darin ein. Dann bückte sie sich und hob ein Holzbrett vom Boden an. Glöckchen traute seinen Augen kaum, als er sich neugierig vorbeugte: Unter dem Brett war ebenfalls ein Weihnachtsversteck. Nur, dass hier nicht so viele Dinge hineingestopft waren wie in jenem vom Bürgermeister. Und vor allem: nicht so achtlos, sondern sorgfältig und ordentlich.

Greta hob vorsichtig einen Goldstern auf und strich mit den Fingern darüber.

„Seht ihr? Den habe ich letztes Jahr in der Schule gebastelt", sagte sie und klang dabei ganz traurig. Als Nächstes nahm sie ein Buch heraus. „*Die magische Weihnachtsnacht der Tiere*", las sie vor. „Das ist mein Lieblingsbuch! Papa hat es uns immer vorgelesen. Jetzt lese ich es euch vor … Ich liebe Weihnachten über alles. Und wenn es

Ferdinand von Brügge verbietet und niemand etwas dagegen tut, feiere ich Weihnachten eben mit euch! Ihr Tiere werdet mich doch bestimmt nicht verraten, oder?"

„Nein, das werden wir nicht", sagte Glöckchen. Erst in dem Moment, als er Gretas weit aufgerissene Augen sah, die ihn verblüfft anstarrten, wusste er, was er getan hatte. Glöckchen hatte, ohne nachzudenken, geantwortet. Und Greta hatte ihn verstanden.

14

Der Bürgermeister

Greta stand auf und ging ganz langsam auf Glöckchen zu. Das Herz des Ponys klopfte wie wild.

„H…hast du eben etwas gesagt?", flüsterte Greta. „Das ist ja wie in dem Buch! Da können die Kinder an Weihnachten auch die Sprache der Tiere verstehen."

Glöckchen überlegte kurz, ob er einfach schweigen sollte. Vielleicht glaubte Greta dann, sie hätte sich getäuscht.

Aber dann entschied sich das Pony dagegen. Greta war nicht gefährlich. Sie war auch keine Erwachsene. Sie war ein Mädchen, das Weihnachten über alles liebte. Mehr brauchte Glöckchen nicht zu wissen, um ihr zu vertrauen.

„Ja, das stimmt, ich kann sprechen. Das liegt an einem ganz besonderen Zauber", erklärte das Pony. „Der Weihnachtsmann hat ihn mir mitgegeben. Mein Name ist Glöckchen und ich bin vom Nordpol angereist, um herauszufinden, warum in diesem Dorf kein Weihnachtsfest gefeiert wird. Aber das darfst du niemandem verraten, ja?"

Greta starrte Glöckchen einen weiteren Moment lang mit offenem Mund an, dann streckte sie die Arme aus und umarmte das Pony.

„Ich bin ja so froh, dass du da bist, Glöckchen", flüsterte sie. „Endlich habe ich jemanden, der mir hilft!" Dann betrachtete sie das Pony staunend von oben bis unten. „Vom Nordpol kommst du? Und du kennst wirklich den Weihnachtsmann?"

Glöckchen nickte. „Ich arbeite sogar für ihn, zusammen mit den Rentieren. Er macht sich große Sorgen um das Dorf. Wir alle machen uns Sorgen, weil es hier keine Spur von Weihnachtsstimmung gibt."

In diesem Augenblick nieste Jasper so laut, dass Greta zusammenzuckte.

Glöckchen verdrehte die Augen. „Jetzt ist es auch schon egal", brummte er. „Jasper, Björn, kommt raus! Zeit für eine kleine Kennenlern-Runde!"

Als sich der Schneehase und der kleine Polarfuchs aus dem Heu wühlten und das Mädchen schüchtern anblinzelten, staunte Greta abermals nicht schlecht.

„Seid ihr zwei aber süß!", rief sie. „Könnt ihr denn auch sprechen?"

Glöckchen schüttelte den Kopf. „Die beiden sind eher aus Versehen mitgekommen. Aber sie wundern sich auch darüber, was hier vor sich geht. Was hast du da vorhin gesagt? Dass euch Herr von Brügge Weihnachten verbietet?"

Greta nickte und ihr Blick verdüsterte sich. „Seit wir den neuen Bürgermeister haben, ist vieles besser geworden. Aber eine Sache nicht: Wir dürfen kein Weihnachten mehr feiern."

Glöckchen lachte. „So ein Blödsinn! Weihnachten kann man doch nicht verbieten!"

Greta zuckte mit den Schultern. „Unserem Dorf ging es letztes Jahr nicht besonders gut. Viele Häuser und Straßen waren kaputt, es gab keinen Laden zum Einkaufen, es hat durchs Schuldach geregnet und der Kindergarten hatte keinen Spielplatz. Weil außerdem die Papierfabrik in der Nähe zugemacht hat, haben viele Leute plötzlich keine Arbeit mehr gehabt. Auch Papa und Mama nicht."

Glöckchen staunte. „So schlimm sieht es hier doch gar nicht aus! Eigentlich ist das Dorf doch sehr hübsch. Und haben eure Eltern jetzt nicht wieder eine Arbeit?"

„Doch, schon", antwortete Greta. „Mit der Hilfe des neuen Bürgermeisters ist alles wieder gut geworden. Ferdinand von Brügge ist im Frühjahr plötzlich hier aufgetaucht und ins Rathaus gezogen. Er hat allen Menschen im Dorf geholfen. Er ist sehr reich und hat mit seinem vielen Geld die kaputten Häuser und Straßen repariert, einen tollen Laden eröffnet, eine neue Schule und einen neuen Kindergarten gebaut. Wir haben jetzt sogar eine eigene Zeitung. Und Mama schreibt die Artikel dafür."

„Das klingt doch alles sehr nett. Aber was hat das mit Weihnachten zu tun?", fragte Glöckchen.

Greta holte tief Luft. „Der Bürgermeister wollte nichts für seine guten Taten haben. Nicht einmal ein Dankeschön! Er hat nur um eines gebeten: dass niemand mehr in diesem Dorf Weihnachten feiert. Nicht einmal die Häuser sollen geschmückt werden. Keine Weihnachtslieder, kein Adventskalender, kein Basteln und kein Backen. Nichts!"

Glöckchen runzelte die Stirn. „Das ist ja ein seltsamer Wunsch. Und alle fanden das in Ordnung? Niemand war dagegen? Niemand wollte mehr Weihnachten feiern?"

„Doch, ein paar Leute schon", antwortete Greta. „Die sind lieber weggezogen. Aber viele andere, die von dem großzügigen Bürgermeister gehört haben, sind auch extra hierhergezogen. Sie sagen: Diesen einen kleinen Gefallen können wir Herrn von Brügge schon tun. Dafür gibt er uns so viel: Arbeit, schöne Häuser, tolle Feste und jede Menge Geschenke. Wird schon nicht so schlimm sein, auf Weihnachten zu verzichten."

Greta traten Tränen in die Augen. „Ich dachte das ja zuerst auch und ich war so froh, dass wir hierbleiben und nicht wegziehen mussten. Aber jetzt, wo Weihnachten vor der Tür steht, ist es eben doch schlimm!" Sie schniefte und eine dicke Träne kullerte ihr über die Wange.

Glöckchen schluckte. Greta hatte recht. Es war schlimm. Sehr schlimm sogar.

15

Die Sterne sind immer bei uns

Glöckchen erzählte den anderen Tieren in aller Kürze, was er von Greta erfahren hatte. Denn sie selbst konnten das Mädchen ja nicht verstehen.

„Mäh, na, so was!", blökte Locke.

„Mäh, nicht nett!", fand Flocke.

Jasper konnte im Gegensatz zu den wortkargen Schafen gar nicht aufhören zu schimpfen. „So eine Unverschämtheit!", empörte er sich. „Weihnachten einfach zu verbieten! Was soll das bringen? Ich finde zwar auch, dass es manche mit diesem Fest übertreiben ...", er warf Glöckchen einen vielsagenden Blick zu, „aber es deswegen gleich zu streichen? Nö, nö, nö, das stinkt gewaltig, jawohl, gewa-ha-ha-hatschi!"

Björn musste erst noch darüber nachdenken, wie er die Sache mit dem Weihnachtsverbot finden sollte. „Äh ... und die Kinder hier müssen gar nicht brav sein, um Geschenke zu bekommen?", fragte er. „Die kriegen einfach so welche? Also für mich hört sich das gar nicht so schlecht an!"

„Ach, du denkst mal wieder bloß an dich", zischte Jasper. „Ich finde, wir müssen diesem Brügge-Meister einen Denkzettel verpassen!" Er hoppelte aufgeregt hin und her. „Wir müssen dem auch was wegnehmen, was ihm wichtig ist. Damit er mal merkt, wie das ist! Oder ... oder wir hoppeln in sein schickes Rathaus

und sagen dem gehörig die Meinung. Also … äh … jemand, der ihn versteht, sagt ihm die Meinung."

Glöckchen, der eine ganze Weile geschwiegen hatte, meldete sich nun zu Wort. „Ich glaube, so geht das nicht", murmelte er.

„Sag ich ja!", rief Jasper. „So geht das nicht! Kommt daher und verbietet einfach Weihnachten! Pff! Also, was sollen wir tun, damit der wieder zur Vernunft kommt?"

Glöckchen schüttelte den Kopf. „Was ich meinte, ist, dass wir mit Racheplänen nicht weiterkommen. Vielmehr müssen wir herausfinden, warum der Bürgermeister kein Weihnachten mehr in seinem Dorf haben will."

Alle starrten ihn an. Auch Greta.

„Stimmt", sagte sie. „Es muss einen Grund geben, weshalb er Weihnachten nicht mag! Nach dem hat bisher keiner gefragt."

„Und warum nicht, bitte schön?", fragte Jasper verständnislos.

„Hm, vielleicht aus Angst, dass er dann böse wird oder das Dorf verlässt oder den Leuten alles wieder wegnimmt, was er ihnen geschenkt hat", vermutete Glöckchen.

„Traurigkeit", warf Björn ein.

„Wie?" Das Pony verstand nicht.

„Er hat auch ziemlich traurig gerochen. Jedenfalls kam so ein Schwall in meine Nase geweht, als er dich vorhin abgeholt hat!"

Glöckchen betrachtete den kleinen Polarfuchs stirnrunzelnd. Er traute ihm immer noch nicht ganz. Aber selbst wenn es stimmte, was Björn behauptete … War Weihnachten dann nicht eigentlich genau die richtige Medizin, um wieder fröhlich zu werden? Irgendetwas passte da nicht zusammen.

„Wir müssen Hinweise für Herrn von Brügges Weihnachtsverbot finden", sagte Glöckchen. „Etwas, das uns erklärt, wie er darauf gekommen ist. Aber heute ist es zu spät. Draußen ist es schon dunkel."

Greta nickte. „Ich muss auch zurück ins Haus, sonst suchen sie nach mir." Sie schaute aus der kleinen Dachluke des Schuppens. „Seht ihr? Von hier aus kann man die Sterne sehen."

Glöckchen legte den Kopf schief. „Ja, die Sterne sind immer für uns da. Mit ihnen sind wir nie allein. Sie verbinden uns, egal, wo wir gerade auf der Welt sind."

„Das klingt schön", flüsterte Greta. „Richtig schön!"

Und während sich das Mädchen an das kleine Pony schmiegte und sie gemeinsam in den Himmel blickten, dachte Glöckchen an zu Hause: an die friedliche Stille des Nordpols und an den Weihnachtsmann, der auf ihn zählte, genau wie die Rentiere. Aber bevor Zweifel und Heimweh zu groß werden konnten, erkannte Glöckchen durch die Luke ein ganz besonderes Licht. Es gehörte dem Nordstern, Glöckchens Lieblingsstern. Sein Anblick hatte das Pony schon oft getröstet.

„Alles wird gut", schien er ihm auch dieses Mal zuzuflüstern. „Du wirst schon sehen, kleines Pony …"

Und Glöckchen beschloss, ihm zu glauben.

❄ 16 ❄
Das Fest beginnt

Am nächsten Morgen holte Greta Glöckchen aus dem Schuppen.

„Du musst jetzt tapfer sein", flüsterte sie ihm zu. „Ich weiß, du magst dieses dumme Winterwunderland-Fest genauso wenig wie ich. Aber bei dem ganzen Tumult können wir am besten herausfinden, was mit Herrn von Brügge nicht stimmt."

Glöckchen nickte. „Aber wir müssen uns beeilen. Um zwölf Uhr muss ich wieder nach Hause aufbrechen."

In diesem Moment kamen auch Flori und Gretas Eltern herein.

„So, dann kommt mal mit zur Party des Jahres", sagte Ida. Sie lächelte zwar dabei, aber Glöckchen wusste, dass sie das Fest am liebsten gar nicht besucht hätte.

Die Feier ging am Vormittag los und sollte bis zum Abend dauern. Kaum traten sie aus dem Schuppen, schallte ihnen auch schon laute Musik vom Dorfplatz entgegen.

„Oje", seufzte Ida, „ich fühle mich wie auf einem Karnevalsumzug."

Ihr Mann legte ihr einen Arm um die Schultern. „Machen wir das Beste draus", sagte er. „Und denk an alles, was wir dafür bekommen haben."

Flori rannte zu zwei Freunden, die johlend die lange Eisrutsche hinabsausten. Sein Vater entdeckte ein paar Bekannte und gesellte sich zu ihnen.

Glöckchen war kaum mit Ida und Greta in der Mitte des Dorfplatzes angelangt, da umringten ihn auch schon die ersten Kinder.

„Ist das ein süßes Pony! Dürfen wir es streicheln? Kann man auf ihm reiten?"

„Aber selbstverständlich, dafür ist es ja da!", meldete sich Herrn von Brügges Stimme. Der Bürgermeister drängte sich durch die Kinderschar. Er hatte einen langen gestrickten Schal dabei, den er dem Pony um den Hals wickelte. Allerdings mit weit ausgestrecktem Arm und großem Abstand zu Glöckchen. Anscheinend traute er sich seit gestern nicht mehr wirklich in seine Nähe.

„Damit kriegst du kein Halsweh", sagte Herr von Brügge mit einem zähneknirschenden Grinsen.

Glöckchen fand den Schal zwar überflüssig, aber er konnte sich nicht dagegen wehren. Alle Kinder zogen und zupften schon an ihm herum.

Greta warf Glöckchen einen mitleidigen Blick zu.

„Keine Sorge, ich schaff das schon", wisperte er dem Mädchen zu. „Du musst dich jetzt umsehen, Greta! Ich halte meine Augen auch offen."

Das Mädchen nickte. „Mama, kannst du Glöckchen herumführen und aufpassen, dass die Kinder nicht zu wild mit ihm umgehen? Ich dreh inzwischen eine kleine Runde und schau mir alles an."

Ida machte ein verdutztes Gesicht. „Glöckchen? Hast du das Pony etwa so genannt?"

Greta hüstelte. „Na ja, passt doch zu ihm, oder? Schließlich trägt es so ein hübsches goldenes Glöckchen um den Hals! Und solange es bei uns wohnt …"

Während sich Glöckchen also die Mähne frisieren, bunte Schleifen in den Schweif binden, streicheln und durch das grell blinkende Winterwunderland führen ließ, machte sich Greta auf den Weg. Sie streifte über den Platz, sah sich zwischen den bunten Buden um und schlüpfte sogar, als Herr von Brügge weit genug weg war, unbemerkt ins Rathaus.

Der Schlüssel zum Geheimnis

Nach Glöckchens fünfter Runde um den Dorfplatz verstummte die Musik und Herr von Brügge klopfte auf der Veranda des Rathauses an ein Mikrofon. Alle Besucher wandten sich zu ihm um. Auch Glöckchen.

„Es freut mich, dass wir heute hier zusammengekommen sind", begann der Bürgermeister seine Rede. „Unser Dorf hat sich in den letzten Monaten in eines der wohlhabendsten und schönsten der Umgebung verwandelt. Darauf dürfen wir stolz sein und das wollen wir gemeinsam feiern. Natürlich gibt es vor allem für die Jüngsten viele lustige Überraschungen und Attraktionen. Und später beginnt das große Geschenke-aus-dem-Eis-Klopfen! Ich wünsche uns allen viel Spaß im Winterwunderland!"

Die Leute applaudierten und strahlten Herrn von Brügge an. Der Bürgermeister lächelte in die Menge zurück. Glöckchen fröstelte und das lag nicht an der Kälte. Am Nordpol war es noch viel frostiger als hier. Nein, es lag an der Fröhlichkeit im Dorf, die nicht echt wirkte.

Echte Fröhlichkeit war warm. Diese hier wirkte kälter als Eis und so falsch wie die vielen bunt blinkenden Lichter. Eine einzige Kerzenflamme hätte den Platz in ein schöneres, sanfteres Licht getaucht.

Auf einmal kam Greta auf das kleine Pony zugesteuert. In ihrem Gesicht lag Enttäuschung.

„Ich übernehme jetzt", sagte sie und nahm ihrer Mutter die Führleine aus der Hand. „Dann kannst du dir einen Kaffee holen und dich mit Papa unterhalten."

Kaum war Ida in der Menge verschwunden, beugte sich Greta zu Glöckchens Ohr.

„Ich habe nichts entdeckt", raunte sie ihm zu. „Dabei war ich sogar in seiner Wohnung. So etwas Langweiliges habe ich noch nie gesehen. Alles piekfein aufgeräumt und ordentlich. Sogar die Bleistifte in der Schublade seines Schreibtischs sind der Länge nach sortiert. Da gibt es keinen Hinweis, nicht einmal den kleinsten."

Glöckchen seufzte. Die Zeit wurde langsam knapp. In ein paar Stunden musste er zurück zu der kleinen Waldlichtung, wo Lina und Finn auf ihn warteten.

Sein Blick schweifte umher, auf der Suche nach Herrn von Brügge. Glöckchen entdeckte den Bürgermeister auf einer Bank am Rande des Dorfplatzes. Von dort beobachtete er das Geschehen. Jeder, der an ihm vorbeiging, nickte ihm freundlich zu. Aber niemand setzte sich zu ihm. Während die Leute in kleinen Gruppen zusammenstanden, lachten oder sich etwas erzählten, saß er die ganze Zeit über allein da. Aber nicht nur das: Immer wenn er sich unbeobachtet fühlte, verschwand das Lächeln aus seinem Gesicht und es nahm einen ernsten, sogar verbitterten Ausdruck an. So wie gestern, als Glöckchen ihm nicht das Halsband überlassen wollte.

Das Pony schauderte immer noch, wenn es an diesen eigenartigen Moment zurückdachte. Und noch mehr, wenn es sich an die versteckte Kammer mit dem Berg an weggeworfenem Weihnachtsschmuck erinnerte. Ob vielleicht genau hier der Schlüssel zu Herrn von Brügges Geheimnis lag?

Plötzlich schoss dem Pony ein Gedanke durch den Kopf.

„Klar … der Schlüssel!", rief es und blickte sich gleich darauf erschrocken um. Glöckchen hatte vor lauter Aufregung viel zu laut gesprochen. Zum Glück saß gerade kein Kind auf seinem Rücken und auch sonst hatte ihn niemand in dem ganzen Lärm und Trubel gehört.

Greta zog das Pony hinter eine große Tanne.

„Was?", flüsterte sie. „Was meinst du denn mit Schlüssel?"

„Der Bürgermeister hat einen Schlüssel in seiner Manteltasche", erklärte er. „Der gehört zu einer kleinen Holztür an der Hinterseite des Rathauses."

Und dann erzählte er Greta von dem gestrigen Ausflug und was er in der Kammer entdeckt hatte.

„Der Bürgermeister wollte mir auch meine goldene Glocke wegnehmen", sagte Glöckchen. „Ich hatte bis jetzt bloß keine Ahnung, warum er sie haben wollte. Nun glaube ich, dass er sie gar nicht für sich behalten, sondern sie in diesen kleinen Turm sperren wollte, zu den vielen anderen Sachen. Er möchte nichts mehr sehen, was ihn an Weihnachten erinnert, nicht einmal eine kleine goldene Glocke. Deshalb auch der Schal!"

Greta nickte. „Kann sein. Ich erinnere mich an einen Tag, an dem alle ihre Weihnachtssachen abgegeben haben. Als Zeichen der Dankbarkeit, haben die Erwachsenen gesagt. Unsere Eltern haben auch alle möglichen Kartons und Schachteln zum Rathaus geschleppt. Zum Glück hatte ich noch ein paar Weihnachtssachen vom letzten Jahr in meinem Zimmer."

„Die, die du im Schuppenboden versteckt hast?", fragte Glöckchen. Greta nickte.

„Weihnachten ist hier überall in irgendwelchen dunklen Ecken eingesperrt", murmelte Glöckchen traurig. „Das darf nicht sein. Wir sollten in diesem Turm nachsehen. Vielleicht hat der Bürgermeister dort etwas hinterlassen, das uns weiterbringt."

Greta überlegte. „Ich werde mich einfach neben ihn setzen und mit ihm plaudern. Dabei kann ich vielleicht an den Schlüssel kommen. Weißt du noch, welche Manteltasche es war?"

Glöckchen überlegte. „Die linke. Ja, er hat ihn gestern in der linken Tasche verschwinden lassen!" Er blinzelte das Mädchen an. „Viel Glück, Greta. Und lass dich nicht erwischen!"

18
Björn Schnüffelschnauze

Greta kam ganz außer Atem zurück und hielt dem Pony den Schlüssel vor die Nase. „Es war gar nicht schwer. Ich hab behauptet, ihm wäre etwas runtergefallen, und als er sich gebückt und nachgesehen hat, konnte ich ihn einfach aus der Tasche ziehen."

Glöckchen kicherte. „Nicht schlecht, Greta! Da wäre sogar Björn beeindruckt, der mopst auch gerne mal was." Dann wurde er wieder ernst. „Jetzt musst du in die kleine Kammer und dort herumstöbern. Traust du dich das? Ich würde dir ja gerne helfen, aber ich fürchte, ich kann hier nicht weg."

Greta nickte. „Du musst weiter deine Runden drehen. Aber ich schaff das schon!"

Glöckchen ließ sich von Greta wieder auf den Platz führen. Als das Mädchen ihren Bruder Flori entdeckte, wie er lachend Eis-Autoscooter fuhr, seufzte sie schwer. „Eigentlich hat Flori von unserer ganzen Familie das Weihnachtsfest immer am meisten geliebt", sagte sie. „Er war so aufgeregt vor der Bescherung. Und nun ist ihm alles völlig egal und er ist nur noch begeistert von diesem albernen Fest!"

Glöckchen sagte nichts, aber er musste wieder an Björns Worte denken: „Der Junge hat traurig gerochen."

Flori sah zwar nicht traurig aus, aber vielleicht

war die Traurigkeit einfach bloß gut versteckt. So wie auch die vielen Weihnachtsdinge.

„Weißt du was?", wisperte Glöckchen. „Mir fällt da was ein. Bring mich kurz zum Schuppen. Ich werde Björn erklären, was wir vorhaben. Er kann dir bestimmt helfen, die Sachen zu durchwühlen. In manchen Dingen ist er unschlagbar und du wärst nicht allein!"

Greta lächelte dankbar. „Gute Idee! Außerdem sollte ich vielleicht meine Taschenlampe mitnehmen, falls es in der Kammer kein Licht gibt."

Einige Kinder scharten sich zwar sofort wieder um sie, weil sie Glöckchen streicheln oder auf ihm reiten wollten. Aber Greta behauptete einfach, das Pony bräuchte eine kleine Trinkpause und sie kämen gleich wieder. Dann liefen sie und Glöckchen schnell zum Schuppen.

Björn, der gerade mit Jasper und den Schafen spielte, war hellauf begeistert, als er von Glöckchens Plan erfuhr. Er liebte schließlich nichts mehr als Abenteuer und Spionieren. Jetzt bekam er beides auf einmal.

„Warum darf ich denn nicht mitmachen?", fragte Jasper beleidigt.

„Ich bin ein Fuchs und man nennt mich nicht umsonst Schnüffelschnauze", verkündete Björn. „Du dagegen bist ein Hase mit Riesenzähnen und zwei Löffeln. Sagt das nicht alles?"

Jasper verzog verächtlich das Gesicht. „Schnüffelschnauze, pff, dass ich nicht lache!", murrte er.

„Ach, Jasper", tröstete Glöckchen seinen Freund. „Für dich gibt es sicherlich auch bald was zu tun. Aber weißt du … In der kleinen Kammer ist es bestimmt staubig. Nicht, dass du wieder niesen musst und ihr euch dadurch verratet."

„Hatschi!", antwortete der Schneehase. „Na gut. Aber ich will später jede Kleinigkeit erfahren, klar?"

„Klar, Langohr!", antwortete Björn.

Der kleine Polarfuchs schlüpfte unter Gretas Winterjacke. Dann marschierten die drei zurück ins bunt blinkende Winterwunderland.

„Na, soll ich wieder übernehmen?", fragte Gretas Mutter, die ihnen entgegenschlenderte. „Du sollst schließlich auch Spaß haben, Greta. Gleich kommt die Eisprinzessin mit der Gondel!"

„Au ja, super!" Greta gab ihrer Mutter die Führleine, zwinkerte Glöckchen noch einmal zu und pirschte sich dann unauffällig im Gewühl der Leute zur Rückseite des Rathauses.

„Da ist die Tür", flüsterte sie, obwohl der kleine Polarfuchs sie nicht verstehen konnte. Trotzdem lugte Björn neugierig aus Gretas Jackenkragen, als sie den Schlüssel zückte und aufsperrte. Dann schlüpften die beiden hinein.

Im Innern traute Greta ihren Augen kaum. Im Licht ihrer Taschenlampe erkannte sie all die schönen Weihnachtsdinge – manche von ihnen zerknickt und kaputt. Genau wie Glöckchen es beschrieben hatte.

Bei dem Anblick wurde Greta schwer ums Herz. Aber sie riss sich zusammen und begann, sich aufmerksam durch die Sachen zu arbeiten.

Björn hüpfte einfach mitten in den Haufen hinein und wühlte darin herum wie ein Maulwurf auf Schatzsuche. Man konnte nur ab und zu seine Schnauze oder Schwanzspitze aus irgendeiner Lücke hervorspitzen sehen.

Auf einmal hielt Greta etwas in die Höhe. „Unser Engel … Den haben Mama und ich letztes Jahr auf dem Weihnachtsmarkt gekauft", flüsterte sie. „Man kann ihn aufziehen und dann spielt er *O du fröhliche*!" Greta steckte die Figur kurzerhand in ihre Jackentasche. Sie konnte ihn einfach nicht zu den anderen Dingen zurückwerfen. Am liebsten hätte sie alles gerettet. Auch den süßen Stoffbären mit der roten Weihnachtsmütze und den hübschen schwarzen Knopfaugen. Bestimmt vermisste irgendein Kind den armen Kerl schrecklich.

Draußen hörte man jetzt laute Musik und dazwischen begeisterte „Ahs" und „Ohs". Die Eisprinzessin kam wahrscheinlich gerade in ihrer Gondel angebraust.

Greta wühlte und wühlte. Obwohl sie sich alle Mühe gab, konnte sie nichts entdecken, was ihnen weiterhalf. Sie wusste ja auch gar nicht, wonach sie eigentlich suchte.

Irgendwann gab Greta seufzend auf. „Es macht keinen Sinn, das sind viel zu viele Sachen. Komm, Björn, lass uns wieder zurückgehen", sagte sie müde. „Vielleicht ist es doch das Beste, wir stellen den

Bürgermeister einfach zur Rede. Soll er uns doch mal erklären, warum er sich dieses dumme Weihnachtsverbot ausgedacht hat! Selbst wenn er uns dann aus dem Dorf jagt und wir uns ein neues Zuhause suchen müssen!"

Aber der kleine Polarfuchs ließ sich nicht blicken.

„Björn?" Greta schnalzte mit der Zunge. „Komm schon!"

Da, endlich tauchte Björn aus dem Haufen auf. Im Maul trug er einen zerknitterten Papierfetzen.

Sie runzelte die Stirn. „Was hast du denn da gefunden?"

Vorsichtig nahm sie dem kleinen Polarfuchs das Papier ab und strich es glatt. Da erkannte sie, um was es sich handelte: einen Brief. Besser gesagt: zwei Briefe, die aneinandergeheftet waren.

19

Jaspers große Stunde

Glöckchens Herz schlug höher, als er Greta auf sich zukommen sah. Ihr Gesicht leuchtete. Er wusste sofort, dass das Mädchen etwas gefunden hatte. Dabei gab sich Greta alle Mühe, sich nichts anmerken zu lassen.

„Ich finde, Glöckchen sollte sich ein bisschen im Schuppen ausruhen", sagte sie zu ihrer Mutter. „Außerdem braucht er mal etwas frisches Heu zu futtern."

Ida nickte. „Gute Idee!"

Der Junge, der gerade auf Glöckchen geritten war, stieg ab. „Na gut, gleich gibt's sowieso Geschenke", sagte er. „Nur schade, dass der Weihnachtsmann sie uns dieses Jahr nicht bringt, sondern bloß der langweilige Bürgermeister!"

Die Mutter des Jungen hatte seine Worte gehört und blickte sich nervös um. Aber Herr von Brügge schlenderte ein gutes Stück von ihnen entfernt über den Platz und hatte nichts mitbekommen. Schnell zog die Mutter ihren Jungen mit sich, bevor der Bürgermeister sie doch noch bemerken konnte.

„Ich werde mal nach Flori sehen", sagte Ida. „Kommst du allein mit dem Pony klar, Greta?"

Das Mädchen nickte. „Ja, ja, wir bleiben sowieso nicht lange weg!" Greta nahm Glöckchen den Schal ab und führte ihn dann ein Stück abseits. Kaum waren sie außer Hörweite, legte sie auch schon los. „Björn hat etwas gefunden, das uns vielleicht weiterhilft!", wisperte sie.

„Einen Brief – eigentlich zwei. Ich hab sie nur überflogen, aber ich glaube, sie könnten tatsächlich die Lösung enthalten!"

„Wirklich? Von wem sind sie denn?" Glöckchen war mindestens genauso aufgeregt wie Greta. „Schnell, lies vor!"

Aber gerade als Glöckchen, Greta und Björn im Schuppen ankamen und das Mädchen das Papier aus der Tasche holte, stürmte eine Gruppe kleinerer Kinder durch die Tür.

„Wir wollen das Pony füttern, bitte, Greta! Dürfen wir es striegeln? Wir sind auch ganz vorsichtig!"

Greta starrte die Kinder an und überlegte fieberhaft, wie sie sie wieder loswerden konnte. Da hoppelte auf einmal Jasper aus seinem Versteck und stieß einen lauten Pfiff aus. „He, Locke, Flocke, Björn … Zeit für unsere super-duper Show!", rief er. „Zeigen wir den Zweibeinern, was wir so draufhaben!"

Glöckchen war erst irritiert, aber dann verstand er, was Jasper vorhatte. Sein Freund wollte mithelfen und die Kinder ablenken, damit Glöckchen und Greta ungestört waren. Gerührt zwinkerte das Pony seinem Freund zu und Jasper hoppelte mit stolz aufgerichteten Ohren voraus aus dem Schuppen. Die Schafe blökten und trabten gehorsam hinterher, Björn bildete das Schlusslicht.

„Wie süß!", riefen die Kinder sofort. „Schafe! Und ein schneeweißer Hase und ein kleiner weißer Fuchs! Wo kommen die denn her?"

Greta hatte Jaspers Worte zwar nicht verstanden, aber sie ahnte ebenfalls, was die Tiere vorhatten. „Die vier geben eine Vorstellung in unserem Garten, extra für euch!", rief sie. „Beeilt euch lieber, damit ihr auch alles mitbekommt!"

Das ließen sich die Kinder nicht zweimal sagen. Sie rannten hinaus in den Garten und kurz darauf hörte man ihre begeisterten Rufe und Applaus.

„Gut, dann wollen wir mal", sagte Greta und fing an vorzulesen.

20

Ein ganz besonderer Wunschzettel

Lieber Weihnachtsmann,

ich schreibe dir dieses Jahr einen ganz besonderen Wunschzettel mit nur einem einzigen Wunsch.

Mama und Papa kaufen mir ja eigentlich alles, was ich haben will. Immer wenn ich eine Eins in der Schule bekomme, fahren wir ins Kaufhaus und ich darf mir was Tolles aussuchen. Aber etwas fehlt mir trotzdem noch.

Ich habe niemanden, mit dem ich richtig spielen und mit dem ich Geheimnisse austauschen kann. Jetzt bin ich schon acht Jahre alt und hatte noch nie einen richtigen Freund. Die anderen verabreden sich nach der Schule. Mich fragen sie höchstens, wenn sie noch einen in ihrer Fußballmannschaft brauchen, und meistens kann ich dann nicht, weil wir schon was vorhaben.

Meinst du, du kriegst das hin mit dem Wunsch?

Ich will dafür auch noch braver und fleißiger sein und Mama und Papa noch bessere Noten nach Hause bringen, damit sie stolz auf mich sind.

Ach ja ... Ich zeichne gerne Figuren aus Comicheften nach, meine Lieblingsfarben sind Blau und Gelb und ich mag eigentlich alle Tiere. Im Fußball bin ich auch nicht schlecht. Vielleicht ist das wichtig, wenn du einen Freund für mich aussuchst. Wir sollen ja gut zusammenpassen.

Vielen Dank für deine Hilfe, Weihnachtsmann! Du bist wirklich prima! Grüß auch die Rentiere!

Alles Liebe, dein Ferdi

Glöckchen runzelte die Stirn. „Wer kann das geschrieben haben?", rätselte er. „Ein Kind aus dem Dorf vielleicht? Und der Bürgermeister hat ihm den Brief weggenommen und zerknüllt? Wie gemein! Der arme Junge!"

Greta schüttelte wie wild den Kopf. „Das ist kein neuer Brief, Glöckchen, der ist schon ziemlich alt, das kann ich an der Schrift erkennen. Ich glaube, dass der Bürgermeister ihn geschrieben hat, als er noch ein Kind war. Er heißt schließlich mit Vornamen Ferdinand!"

Glöckchen sah das Mädchen groß an. „Klar, Ferdi ist sein Spitzname." Er schüttelte den Kopf. „Aber warum hat er den Brief weggeworfen? Wieso hat er ihn überhaupt noch? Hat der Weihnachtsmann ihn etwa nie bekommen?"

„Doch, hat er!", antwortete Greta und tippte auf den zweiten Papierbogen, der hinter Ferdis Wunschzettel angeheftet war. „Diesen Brief hat ihm der Weihnachtsmann zurückgeschickt. Hör zu …"

Mein lieber Ferdi,

ich habe deinen ganz besonderen Wunschzettel bekommen und würde ihn dir nur zu gerne erfüllen. Aber obwohl ich der Weihnachtsmann bin, kann ich dir den Gefallen leider nicht tun. Freunde kann man nicht verschenken, weißt du?

Aber ich verspreche dir: Du wirst schon bald ganz von selbst einen Freund finden, vielleicht sogar mehrere. Bleib nur immer ein guter Junge, dann erfüllt sich dein Wunsch. Du wirst schon sehen ...

Ich schicke dir deinen Brief zurück, damit du deinen wichtigen, ganz besonderen Wunsch nie aus den Augen verlierst. Und ich schenke dir diesen Plüschteddy. Er soll dich daran erinnern, dass da draußen wunderbare Freunde auf dich warten. Bis dahin ist er für dich da. Kümmere dich gut um ihn und hab ihn lieb.

Alles Gute,
der Weihnachtsmann

Glöckchen sagte eine ganze Weile nichts. Er stellte sich den kleinen Ferdi vor, der allein war und sich nichts sehnlicher wünschte als einen Freund. Und er sah auch den großen Ferdinand von Brügge vor sich, der inzwischen jede Menge Geld hatte und auch sonst alles, was man sich nur wünschen konnte. Bis auf eins: einen Freund. Immer noch saß er allein auf der Parkbank, lief ohne Begleitung über den überfüllten

Dorfplatz. Sicherlich war er schrecklich traurig darüber. So sehr, dass Björn seine Traurigkeit sogar gewittert hatte, obwohl hier ständig laut gelacht wurde.

Das Pony schluckte und auf einmal spürte es großes Mitleid mit dem Bürgermeister. Trotzdem durfte Herr von Brügge den Menschen nicht einfach Weihnachten verbieten. Niemand durfte so etwas tun.

„Glöckchen", sagte Greta leise und riss das Pony aus seinen Grübeleien. „Wir sollten mit den Briefen zum Bürgermeister gehen und mit ihm reden. Uns bleibt nicht mehr viel Zeit!"

Glöckchen seufzte. „Ich weiß, bloß …" Das Pony zögerte. „Ich habe irgendwie Angst vor ihm. Der Weihnachtsmann hat mich besonders vor den Erwachsenen gewarnt."

Greta schlang ihre Arme um Glöckchens Hals und blickte ihm in die Augen. „Ich glaube, das Einzige, das den Bürgermeister jetzt umstimmen kann, ist ein Wunder", flüsterte sie. „Und du – du bist ein Wunder, Glöckchen. Hol uns Weihnachten zurück, bitte! Deshalb bist du doch hier!"

Das Pony legte den Kopf schief, dann nickte es. „Du hast recht", sagte es. „Gehen wir zu Ferdinand von Brügge und retten Weihnachten!"

21

Herrn von Brügges Geheimnis

Ferdinand von Brügge saß eingemummt in seinen Mantel auf der Veranda des Rathauses. Wieder einmal allein. Er starrte auf den Dorfplatz und das bunte Treiben. Aber er sah aus, als wäre er in Gedanken weit, weit weg.

Erst als Greta und Glöckchen direkt vor ihm standen, blickte er auf. Dieses Mal dauerte es ein bisschen länger, bis er seine ernste Miene gegen das falsche Lachen eingetauscht hatte.

„Na, genießt du das Fest?", fragte er das Mädchen. „Hast du dir schon etwas Hübsches aus dem Eis geklopft? Eine Puppe vielleicht oder ein Plüscheinhorn?"

Greta antwortete nicht. Dafür hob sie die beiden Briefe hoch und das Lachen gefror im Gesicht des Bürgermeisters.

„W…woher hast du die?", stammelte er mit krächzender Stimme. „Wie bist du an die Briefe gekommen?"

„Wir … Also …" Greta geriet ins Stottern, und weil Glöckchen seiner Freundin beistehen wollte, gab er sich einen Ruck und sagte laut und deutlich: „Ich habe die Kammer mit den Weihnachtssachen gesehen. Du hast mich selbst zu dem Turm geführt, gestern, als du mir meine goldene Glocke wegnehmen wolltest! Weißt du noch?"

Jetzt standen dem Bürgermeister erst recht Mund und Augen offen und er vergaß sogar nachzufragen, wie die beiden die Tür aufschließen konnten, so ganz ohne Schlüssel. Er starrte nur Glöckchen an und wich ein bisschen auf seinem Stuhl zurück.

„Du kannst sprechen?", hauchte er schließlich.

„Ja", antwortete Glöckchen. „Der Weihnachtsmann hat mir diesen Zauber mitgegeben. Ich komme direkt vom Nordpol und ich bin nur aus einem einzigen Grund hier. Keine Angst, nicht, um dir was zu tun. Ich beiße auch nicht, also normalerweise. Aber ich will Weihnachten in diesem Dorf retten. Denn die Menschen vermissen es, vor allem die

Kinder." Er sah dem Bürgermeister in die Augen. Das, was Glöckchen jetzt sagen musste, tat Herrn von Brügge bestimmt weh, aber es half nichts. Die Wahrheit musste raus.

„Du hast immer noch keinen Freund gefunden, oder?", fragte Glöckchen leise. „Bis heute bist du immer allein geblieben."

Am Flackern in Herrn von Brügges Augen und dem Zucken um seine Mundwinkel erkannte das Pony, dass es recht hatte. Sanft fügte es hinzu: „Darum bist du auch so enttäuscht und traurig. Und darum willst du den Leuten hier unbedingt gefallen und tust das alles für sie." Glöckchen blickte dabei über den bunt blinkenden Dorfplatz. „Aber ... warum nimmst du ihnen Weihnachten weg?" Das Pony schüttelte den Kopf. „Das verstehe ich einfach nicht! Und wahrscheinlich versteht es niemand hier im Dorf. Die Leute nehmen es bloß hin, weil sie dir so dankbar sind für alles, was du sonst für sie tust. Aber sie haben Angst, dass du böse wirst, wenn sie dich nach dem Grund für dein Weihnachtsverbot fragen."

Herr von Brügge schlug die Hände vors Gesicht. Glöckchen wusste nicht, ob er weinte. Auf jeden Fall wirkte er sehr verzweifelt, als er murmelte: „Ich wollte so beliebt werden wie der Weihnachtsmann, sogar noch beliebter. Ein Freund für alle Menschen wollte ich werden. Der ihnen alle Wünsche erfüllt. Nicht bloß an Weihnachten, sondern zu jeder Zeit. Keine leeren Versprechungen wollte ich ihnen geben. Keine Lügen auftischen ..." Jetzt schluchzte der Bürgermeister auf.

„Du glaubst, der Weihnachtsmann hat dich angelogen?", fragte Glöckchen bestürzt.

Ferdinand von Brügge nahm die Hände vom Gesicht, nickte, holte ein Taschentuch hervor und schnäuzte sich.

„Am Anfang habe ich dem Weihnachtsmann natürlich geglaubt.

Ich dachte, ich bekomme einen Freund, wenn ich abwarte und ein guter Junge bleibe. So, wie es in dem Brief stand. Aber ich wartete die ganze Schulzeit über. Ich wurde sogar noch fleißiger, lernte noch mehr und war der Allerbeste in meiner Klasse. Aber einen Freund fand ich nicht. Ich nahm mir vor, noch besser zu werden, hatte später jede Menge Erfolg bei der Arbeit und verdiente viel Geld. Ich wartete und wartete. Jahrelang.

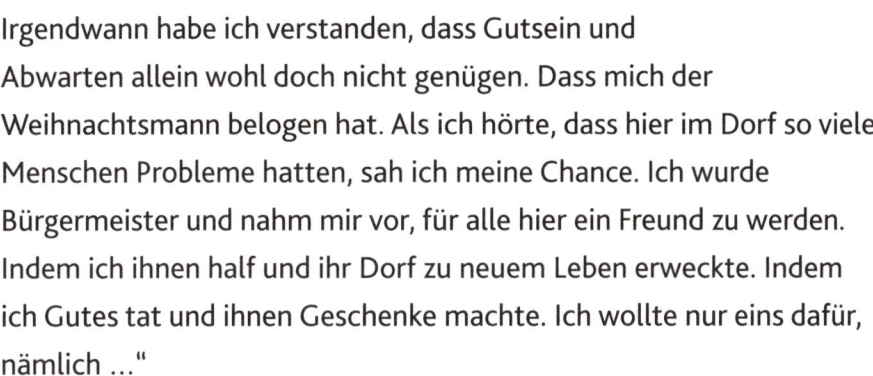

Irgendwann habe ich verstanden, dass Gutsein und Abwarten allein wohl doch nicht genügen. Dass mich der Weihnachtsmann belogen hat. Als ich hörte, dass hier im Dorf so viele Menschen Probleme hatten, sah ich meine Chance. Ich wurde Bürgermeister und nahm mir vor, für alle hier ein Freund zu werden. Indem ich ihnen half und ihr Dorf zu neuem Leben erweckte. Indem ich Gutes tat und ihnen Geschenke machte. Ich wollte nur eins dafür, nämlich …"

„… dass sie Weihnachten vergessen und es aus ihrem Leben streichen", vollendete Glöckchen seinen Satz. „So wie du es aus deinem Leben gestrichen hast, weil du so enttäuscht wurdest."

Der Bürgermeister nickte. Eine Zeit lang sagte niemand etwas, aber dann murmelte Herr von Brügge: „Es hat wieder nicht funktioniert. Sie sind freundlich und dankbar. Aber niemand sieht in mir einen Freund."

„Natürlich nicht", meldete sich nun Greta mutig zu Wort. „Ja, klar, du hast viel Gutes getan für unser Dorf und das war nett von dir. Aber Weihnachten ist das Schönste auf der ganzen Welt. Es ist das Fest der

Freude, der Liebe und der Freundschaft. Und du hast es uns weggenommen. Kein echter Freund würde so etwas tun."

Der Bürgermeister starrte erst Greta, dann Glöckchen an.

„Ihr habt recht", flüsterte er. „Das ... das war falsch. Ich hab dabei nur an mich gedacht. Aber was soll ich tun? Es ist sicherlich schon zu spät, um alles rückgängig zu machen. Und ... ich weiß auch gar nicht, was ich tun müsste. Ich hab schon seit vielen Jahren nicht mehr Weihnachten gefeiert!"

Glöckchen und Greta sahen sich an und lächelten.

„Für Weihnachten ist es nie zu spät", sagten sie gleichzeitig.

22

Es weihnachtet

Flori war der Erste, den sich Greta schnappte. Ihr kleiner Bruder lief gerade an der Veranda des Rathauses vorbei.

„Warte mal, Flori!", rief sie.

„Hä? Ich wollte aber gerade zur dritten Geschenk-Ausklopf-Runde", sagte er leicht vorwurfsvoll. „Ich hab schon ein Weltraumpuzzle und ein ferngesteuertes Auto bekommen!"

„Aber was würdest du sagen, wenn du all das hier gegen ein echtes Weihnachtsfest eintauschen dürftest?", fragte Greta. „Mit Weihnachtsliedern, Punsch, Baumschmücken und Lebkuchen?"

Verunsichert sah Flori zu Herrn von Brügge.

„Also, äh, ich ... ich weiß nicht", stotterte er.

Der Bürgermeister lächelte ihm aufmunternd zu. „Sag ruhig, was du denkst, ich werde auch ganz bestimmt nicht böse."

Da breitete sich ein Strahlen über das Gesicht des Jungen aus, das so echt und befreit wirkte, dass Glöckchen ganz warm wurde.

„Weihnachten!", sagte Flori aus vollem Herzen. „Ich würde mir Weihnachten wünschen!"

„Also, dann los", sagte Herr von Brügge, stand

auf und sah auf einmal richtig munter aus. „Aber ihr müsst mir helfen, Kinder. Allein schaffe ich das nicht!"

„Kein Problem!", riefen Greta und Flori und rannten in die Menge.

Wie ein Lauffeuer verbreitete sich die Nachricht von dem Weihnachtsfest, das Herr von Brügge höchstpersönlich angeordnet hatte. Zunächst nur unter den Kindern. Sie alle ließen Autoscooter, Eisrutsche und Geschenke links liegen und rannten nach Hause. In kürzester Zeit waren sie zurück und hatten alle irgendwelchen Weihnachtsschmuck dabei.

„Na, so was", brummelte Herr von Brügge. „Ich dachte, ich hätte alle weihnachtlichen Dinge eingesperrt."

Glöckchen, der neben dem Bürgermeister stand und alles genau beobachtete, lachte. „Weihnachten lässt sich eben nicht so leicht einsperren."

Die Erwachsenen waren zunächst etwas misstrauischer als die Kinder. Sie wussten nicht, ob sie die Neuigkeit glauben sollten. Aber als Ida auf die Veranda kam und vorsichtig nachfragte, nickte der Bürgermeister.

„Ja", rief er, sodass alle es hören konnten. „Ja, lasst es Weihnachten werden in unserem Dorf! Auch wenn ich selbst nicht viel dazu beitragen kann", setzte er etwas leiser hinterher. „Aber vielleicht lerne ich es ja wieder."

Ida wusste nicht, was sie sagen sollte, also umarmte sie den Bürgermeister einfach. „Morgen", flüsterte sie, „morgen sind Sie in unserem

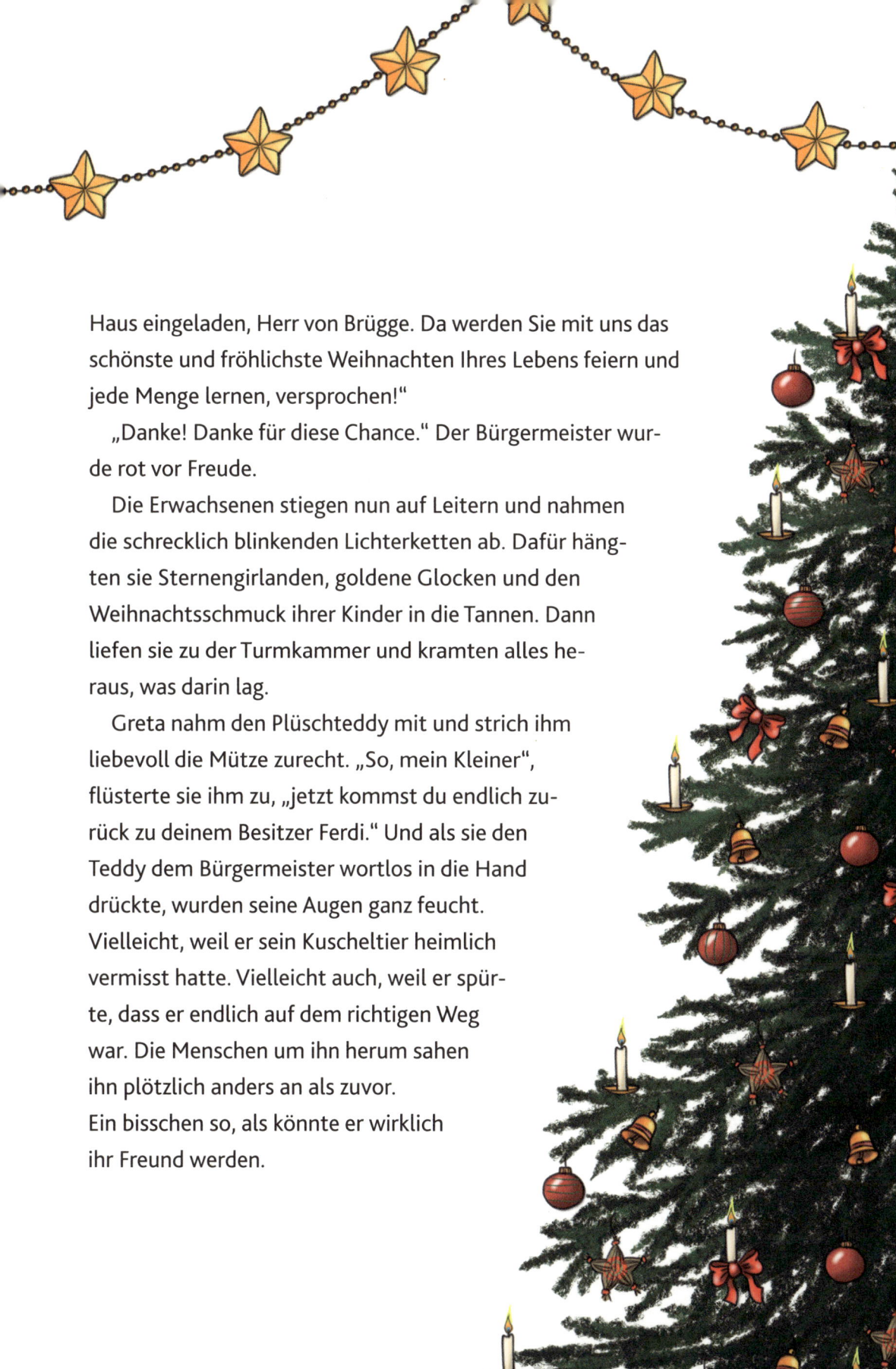

Haus eingeladen, Herr von Brügge. Da werden Sie mit uns das schönste und fröhlichste Weihnachten Ihres Lebens feiern und jede Menge lernen, versprochen!"

„Danke! Danke für diese Chance." Der Bürgermeister wurde rot vor Freude.

Die Erwachsenen stiegen nun auf Leitern und nahmen die schrecklich blinkenden Lichterketten ab. Dafür hängten sie Sterngirlanden, goldene Glocken und den Weihnachtsschmuck ihrer Kinder in die Tannen. Dann liefen sie zu der Turmkammer und kramten alles heraus, was darin lag.

Greta nahm den Plüschteddy mit und strich ihm liebevoll die Mütze zurecht. „So, mein Kleiner", flüsterte sie ihm zu, „jetzt kommst du endlich zurück zu deinem Besitzer Ferdi." Und als sie den Teddy dem Bürgermeister wortlos in die Hand drückte, wurden seine Augen ganz feucht. Vielleicht, weil er sein Kuscheltier heimlich vermisst hatte. Vielleicht auch, weil er spürte, dass er endlich auf dem richtigen Weg war. Die Menschen um ihn herum sahen ihn plötzlich anders an als zuvor. Ein bisschen so, als könnte er wirklich ihr Freund werden.

Greta strich Glöckchen durch die Mähne. „Danke, kleines Pony, du hast uns allen geholfen! Ohne dich hätten wir nie …"

Dann verstand Glöckchen nichts mehr. Die Rathausuhr hatte, ohne dass er es gemerkt hatte, zu schlagen begonnen. Und mit dem zwölften Schlag war der Zauber des Weihnachtsmannes gebrochen.

❋ 23 ❋
Zeit zu gehen

Glöckchen schaute Greta an und hoffte, sie verstand an seinem Blick, warum er nicht antwortete. Und das tat sie. Sie schlang die Arme um das kleine Pony und drückte es ganz fest. Glöckchen schluckte. Erst jetzt wurde ihm bewusst, wie sehr er seine neue Freundin vermissen würde.

Auch Greta wischte sich ein paar Tränen aus den Augenwinkeln, aber dann lächelte sie tapfer und deutete hoch zum Himmel. Noch waren keine Sterne zu sehen, denn es war mitten am Tag. Aber Glöckchen wusste trotzdem, was Greta ihm sagen wollte, nämlich: Die Sterne sind immer für uns da. Mit ihnen sind wir nie allein. Sie verbinden uns, egal, wo auf der Welt wir gerade sind.

Glöckchen lächelte Greta an. Dann wurde das Mädchen von einer Freundin mitgezogen und auch der Bürgermeister stand in einer Gruppe von Leuten, redete und lachte mit ihnen. Zu gerne hätte Glöckchen ihm noch gesagt, dass es der Weihnachtsmann sicher nicht böse gemeint und dass er ihn ganz bestimmt nicht angelogen hatte. Aber vielleicht verstand es Ferdinand von Brügge ja eines Tages von selbst. Der Anfang war jedenfalls gemacht.

Zufrieden drehte sich Glöckchen um und trottete Richtung Schuppen. Er wusste, dass die Traurigkeit und das falsche Lachen jetzt aus dem Dorf verschwunden waren. Und sicherlich würde hier noch ein friedlich-fröhliches Weihnachtsfest gefeiert werden, dort, auf dem festlich geschmückten Dorfplatz.

Im Schuppen saßen Björn und Jasper gemütlich aneinandergekuschelt bei den Schafen und blickten Glöckchen entgegen. Ihre super-duper Vorstellung hatten sie in dem Moment beendet, als sich die wunderbare Neuigkeit herumgesprochen hatte. Da waren die Kinder in Windeseile zum Dorfplatz gesaust, um beim weihnachtlichen Schmücken zu helfen.

„Zeit für uns, nach Hause zu fliegen", sagte Glöckchen.

„Mäh, wissen wir", blökte Locke.

„Mäh, frohe Weihnachten", sagte Flocke.

Damit verstummten die Schafe auch schon wieder und widmeten sich ihrem Heu. Glöckchen lachte. Er würde auch diese beiden sehr vermissen.

„Eigentlich schade", seufzte der kleine Polarfuchs. „Gerade jetzt, wo es hier so gut nach Fröhlichkeit duftet!"

„Hatschi!", machte Jasper.

Und begleitet von weihnachtlicher Musik, die vom Dorfplatz hinüberwehte, machten sich die drei Freunde auf zur Waldlichtung.

Lina und Finn warteten bereits und staunten nicht schlecht, als sie Jasper und Björn neben Glöckchen sahen. Dass es das kleine Pony geschafft hatte, Weihnachten zurückzuholen, hatten sich die beiden schon gedacht. Im Anflug auf den Wald hatten sie die Veränderungen im Dorf aus der Luft erkannt. Trotzdem lauschten sie jetzt fasziniert allem, was die drei erzählten. Und die Reise zurück zum Nordpol verging wie im Fluge.

24
Alles wird gut!

Auch zu Hause machten alle große Augen, als sie der Geschichte um das schmucklose Dorf, das Weihnachtsverbot des Bürgermeisters, die beiden wortkargen Schafe, das Mädchen Greta und den Brief des kleinen Ferdis lauschten.

Während die Rentiere nach Glöckchens Erzählung ausgelassen um das kleine Pony herumsprangen und sich auf ihre große Reise freuten, die endlich losgehen würde, war der Weihnachtsmann ungewöhnlich still. Er setzte sich etwas abseits von den anderen auf seinen voll beladenen Schlitten, blickte nachdenklich in den Himmel und holte schließlich Papier und Stift hervor.

Glöckchen trat zu ihm. „Schreibst du ihm etwa noch einen Brief?", fragte er leise.

Der Weihnachtsmann lachte. „Du bist wirklich ein kluges kleines Pony", sagte er. „Ja, ich schreibe ihm noch einmal. Ich schäme mich, weil ich den kleinen Ferdi damals so enttäuscht habe. Ich hätte ihm erklären sollen, dass man sich Zeit für Freunde nehmen muss. Dass es nicht ausreicht, immer bloß gute Noten zu bekommen, erfolgreich in der Schule zu sein und viel Geld zu verdienen, sondern dass einen guten Menschen etwas ganz anderes ausmacht." Er seufzte. „Ich fürchte, ich war ihm keine große Hilfe, im Gegenteil."

Glöckchen legte den Kopf schief. „Damals ist wohl einiges schiefgelaufen. Aber ganz falsch war dein Brief trotzdem nicht. Darin stand ja, dass Ferdi bestimmt einen Freund finden würde, wenn er ein guter

Junge bleibt." Das Pony strahlte. „Und das stimmt. Er hat viel Gutes getan und jetzt ist er dabei, Freunde zu finden. Sein Wunsch erfüllt sich, es hat nur etwas gedauert."

„Da hast du recht", sagte der Weihnachtsmann. „Ich bin wirklich froh, dass du in das Dorf gereist bist, Glöckchen."

Er stand auf und zerknüllte das Papier.

„Aber was machst du denn da?", fragte Glöckchen erstaunt. „Willst du ihm jetzt doch nicht schreiben?"

Der Weihnachtsmann zwinkerte ihm zu. „Ich habe eine noch viel bessere Idee." Er klatschte in die Hände. „Meine lieben Rentiere, liebes Weihnachtspony … Seid ihr bereit für unsere große Reise?"

„Jaaaa!", riefen alle Rentiere und Glöckchen einstimmig.

„Aber was ist denn jetzt mit den Kindern im Dorf?", fragte Lina. „Bekommen die gar nichts?"

Der Weihnachtsmann winkte ab. „Keine Sorge, ich habe noch ein paar Geschenke von meinen Wichteln anfertigen lassen. Aber ich muss noch aus einem anderen Grund einen Zwischenstopp im Dorf einlegen. Ich habe dort etwas Wichtiges zu erledigen."

Nur wenige Stunden später landete das Gespann leise in der Nähe des Rathauses. Der Dorfplatz war inzwischen wie leer gefegt und lag friedlich in der Abendstille. Alle Menschen waren in ihren geschmückten Häusern und bereiteten sich auf Weihnachten vor.

Der Weihnachtsmann stieg vom Schlittensitz und klopfte an die

schwere Holztür des Rathauses. Als ihm geöffnet wurde, trat er ein. Etwas, das noch nie vorgekommen ist. Jedenfalls nicht, solange die Rentiere und das Pony den Weihnachtsmann kannten.

Irgendwann hielt es Glöckchen vor Neugierde nicht mehr aus. Mit klopfendem Herzen stieg er von den Kufen des Schlittens, um durch eines der Fenster zu lugen.

„Und? Was ist da drinnen los?", wisperte Finn aufgeregt. „Kannst du was erkennen, Glöckchen?", flüsterte Lina gespannt.

Glöckchen nickte. „Der Weihnachtsmann redet mit Ferdinand von Brügge. Und jetzt ... jetzt umarmen sich die beiden!"

Glöckchen war schon glücklich gewesen, als das Weihnachtsverbot

aufgehoben worden war. Aber jetzt war wirklich alles so, wie es sein sollte: Der Bürgermeister hatte sich mit dem Weihnachtsmann versöhnt und konnte das schönste Fest des Jahres wieder in sein Herz lassen. Der Zauber von Weihnachten kehrte auch zu ihm zurück.

Glöckchen hätte jubeln können vor Freude. Und als sie kurz darauf wieder gemeinsam in die Luft stiegen und ihnen Ferdinand von Brügge hinterherwinkte, sah er vor sich den Nordstern am Himmel blinken – hell und freundlich. Genau über dem Schuppen mit Locke und Flocke. Und Glöckchen konnte die Gesichter von Greta und Flori am Fenster erkennen, wie sie ebenfalls mit glänzenden Augen hinauf in die Sterne schauten.

„Weihnachten", flüsterte Glöckchen und fühlte ein unbeschreibliches Glückskribbeln in seinem Bauch. „Endlich ist Weihnachten!"

Annette Moser wurde 1978 in Hamburg geboren. Sie studierte Germanistik und Kunstgeschichte in Bamberg und in Rom. Danach arbeitete sie mehrere Jahre als Lektorin in einem Kinder- und Jugendbuchverlag. Sich selbst Geschichten auszudenken, war schon immer ihr Traum. Heute lebt sie mit ihrer Familie in Landshut und widmet sich ganz dem Schreiben.

Julia Gerigk, 1981 geboren, studierte Kommunikationsdesign mit dem Schwerpunkt Editorial Design und Illustration in Hamburg. Schon während ihrer Studienzeit veröffentlichte sie ihre ersten Kinderbücher. Heute arbeitet sie ausschließlich als freie Illustratorin, ihre besondere Herzensangelegenheit sind noch immer die Kinderbücher. Sie lebt mit ihren Hunden und Pferden auf dem Land in Mecklenburg-Vorpommern.

Die Kinderbuchreihe „Glöckchen, das Weihnachtspony"

Band 1
ISBN 978-3-7432-0340-2

Band 2
ISBN 978-3-7432-0487-4

Band 3
ISBN 978-3-7432-0488-1

Weihnachtliches Vorlesen mit „Glöckchen"

Glöckchen und die Rentiere fiebern der großen Reise mit dem Weihnachtsmann an Heiligabend entgegen. Da taucht plötzlich das Pony Sternchen am Nordpol auf! Glöckchen freut sich riesig und gemeinsam haben die beiden viel Spaß im herrlich weichen Schnee. Aber Sternchen vermisst ihr altes Zuhause sehr ... Als auch noch ein wichtiger Wunschzettel verschwindet, macht sich Glöckchen auf die Suche: Kann er ihn rechtzeitig wiederfinden und das Weihnachtsfest retten?

Weihnachten auf dem „Ponyhof Apfelblüte"

Auf dem Ponyhof Apfelblüte werden Träume wahr. Jedes Mädchen findet sein Lieblingspony, kann mit ihm schmusen, es striegeln und natürlich auf ihm reiten!

Hannah und ihre Freundinnen dürfen bei dem Weihnachtsmärchen im Festzelt mitspielen – und das auf ihren geliebten Ponys! Doch bei den Proben geht alles schief. Hannah hat eine Vermutung, wer dahintersteckt. Ob sie die Weihnachtsaufführung retten kann?

Der Adventskalender zum Lesenlernen

Wenn der Nikolaus sich auf den Weg macht, um Familie Yeti zu besuchen, Drachen kleinen Wichteln beim Geschenke einpacken helfen und rosa Schweinchen für Durcheinander unter dem Weihnachtsbaum sorgen – dann kann die Adventszeit nur gut werden. Dieser Adventskalender enthält fünf weihnachtliche Geschichten, verteilt auf 24 Tage. Ob zum Vor- oder zum Selberlesen – diese Geschichten bringen jede Menge Spaß in die Vorweihnachtszeit.